Le nouvel ordre électoral

Hervé Le Bras

Le nouvel ordre électoral

Tripartisme contre démocratie

LA REPUBLIQUE DES IDEES

Seuil

Collection dirigée
par Pierre Rosanvallon
et Ivan Jablonka

ISBN 978-2-02-130028-4

www.seuil.com

INTRODUCTION

Les deux surprises

Le jeu politique français a été bouleversé par l'installation du tripartisme, la gauche et la droite étant désormais talonnées par un Front national à 28 %. Le taux d'abstention atteint 50 %. Mais, dans ce tableau assez déprimant, une première surprise est apparue aux élections départementales de mars 2015. Alors que l'on prédisait un effondrement de la gauche, elle fait à peu près jeu égal avec la droite au premier tour (respectivement 36,5 et 37,5 % des suffrages exprimés). Deuxième surprise : au second tour, le tripartisme a entraîné des duels d'une nature inédite.

La formation de « fronts républicains » peut-elle perdurer dans ce contexte ? Quel est l'impact de la division de la gauche sur cette recomposition ? Quelle est la porosité entre la droite et l'extrême droite ? Répondre à toutes ces questions, c'est comprendre les bouleversements politiques français survenus depuis vingt ans. C'est aussi définir les termes de la prochaine présidentielle et des législatives qui l'accompagneront.

Pour cela, il faut passer au peigne fin les résultats des régions en décembre 2015, mais surtout plonger dans la masse des résultats de près de 2 000 cantons métropolitains aux deux tours des élections départementales de mars 2015, tout cela à la lumière des résultats des 36 500 communes.

Du général vers le particulier

La méthode qui sera adoptée ici est l'inverse de celle que suivent d'habitude les analystes électoraux. Très au fait des personnalités et des enjeux locaux, ils regroupent des cas qui se ressemblent et, de proche en proche, généralisent les remarques que leur ont inspirées au départ quelques cantons qu'ils ont scrutés attentivement. Ils vont donc du particulier au général, de l'arbre à la forêt. Ils pratiquent l'induction.

Au contraire, ici, on partira du général. On analysera les résultats selon des catégories simples, nombre d'habitants des communes pour dégager la ruralité de l'urbanité, présence d'une ou de plusieurs listes de gauche ou de droite au premier tour, configurations au second tour en duels ou triangulaires, désistements. Lorsque les tendances générales auront été mises en évidence, on s'intéressera aux cantons qui ne les suivent pas, donc aux exceptions qui se révéleront peu nombreuses. On passera ainsi du général au particulier, de la forêt à l'arbre, par déduction.

Il n'est pas question d'opposer, comme Pascal, l'esprit de géométrie à l'esprit de finesse, mais de tirer de la méthode déductive les moyens que la méthode inductive ne peut fournir. Les règles générales qui seront dégagées indépendamment de l'individualité particulière de chaque canton peuvent en effet servir à explorer les résultats qu'auraient pu donner les élections, si telle ou telle règle et telle ou telle condition avaient été modifiées.

Ainsi, que serait-il arrivé si la gauche était partie dès le premier tour des départementales unie au combat ? Est-ce sa désunion qui lui a coûté cher, comme les ténors de la majorité l'ont affirmé à peine les résultats connus ? Que se serait-il passé si la droite avait pratiqué le front républicain autant que la gauche l'a appliqué ? Le nombre de sièges déjà très faible obtenus par le FN aurait-il encore sensiblement diminué ? Quel aurait été le nombre de sièges de la gauche, de la droite et du FN, si ce dernier avait recueilli 30 %, voire 35 % des voix, au lieu des 25 % observés ?

Répondre à ces questions et à d'autres de cette espèce suppose qu'on utilise des méthodes de simulation. Dans chaque région, dans chaque canton, voire dans chaque commune, en fonction des changements de telle ou telle règle, on recalcule la proportion de voix obtenues au premier tour par les partis, le nombre et l'appartenance des candidats qui accèdent au second tour et l'étiquette politique des vainqueurs. Les historiens anglo-saxons qualifient d'« histoire contrefactuelle » une telle entreprise[1]. C'est un moyen d'évaluer l'importance de telle ou telle règle, donc la raison de tel ou tel aspect des résultats. Si, par exemple, la conversion de la droite au front républicain ne fait guère régresser le FN et permet à la gauche d'empocher quelques cantons supplémentaires, est-elle vraiment utile ?

Prospective électorale

Derrière ces manipulations du passé ne se cache pas seulement un intérêt historique, mais une ambition prospective. Que se passera-t-il si les règles générales qui ont organisé le résultat des élections départementales se maintiennent à l'élection présidentielle, puis aux élections législatives ? Les règles changeront sans doute et elles ont changé dans le passé, tout comme l'intensité des résultats de chaque parti change, le FN passant par exemple de la zone des 20 % où il stationnait jusqu'en 2012 à la zone des 25 à 30 %. Les règles sont cependant un peu plus stables que l'intensité des votes de chaque tendance, comme on le verra à propos de leur évolution, des élections départementales aux élections régionales.

1. *Counterfactual history*, dont le promoteur, Robert Fogel, a reçu le prix Nobel d'économie. Il a par exemple étudié ce que seraient devenus les États-Unis s'ils n'avaient pas construit de chemin de fer ou si l'abolition de l'esclavage s'était produite à une autre date.

C'est d'ailleurs par cela qu'il faut commencer pour assurer la solidité de la suite.

On comparera d'abord les résultats de l'élection régionale à ceux des élections qui l'ont immédiatement précédée, les départementales de 2015, les européennes de 2014 et la présidentielle de 2012. On démontera ensuite la mécanique fine des deux tours des départementales avec leurs reports et leurs abstentionnistes. Enfin, les règles étant assez fermement établies, on les vérifiera sur le résultat des élections régionales et on se risquera à les utiliser pour refaire les élections départementales, puis à les projeter vers d'autres élections à venir.

CHAPITRE PREMIER

Sociologie contre géographie

Les résultats du premier tour des élections sont d'habitude présentés sous deux aspects, l'un géographique, avec la proportion de suffrages exprimés en faveur de chaque parti ou tendance sur une carte, l'autre sociologique, avec des tableaux donnant la proportion de ces suffrages selon la catégorie sociale, l'âge et le sexe des électeurs. Ces deux modes correspondent en fait à deux collectes de données différentes. Les cartes donnent les résultats exhaustifs sortis des urnes et les tableaux socio-démographiques sont établis à partir de sondages effectués le jour de l'élection, éventuellement à la sortie des urnes.

Votes, âges et catégories sociales

Lors des élections régionales, le sondage de l'IFOP a donné les résultats suivants par catégorie socio-professionnelle[1] :

1. Le total des colonnes des deux tableaux n'est pas toujours exactement de 100 % à cause d'un reliquat (entre 1 et 4 %) pour des votes en faveur de candidats « divers ». Ces derniers ont été intégrés ensuite à la droite, bien que cela soit inexact dans quelques rares cas qui apparaîtront plus loin.

Tableau 1
Préférences politiques des catégories sociales le 7 décembre 2015, jour du premier tour des élections régionales (%)

tendances politiques	artisan, commerçant	cadre, prof. lib.	prof. intermédiaire	employé	ouvrier	retraité	autres
gauche	26	43	47	39	32	35	37
droite	31	37	28	22	16	42	19
ext. droite	40	16	20	38	51	21	38

Le contraste social est très important entre les partis. Il surprendrait un politologue des années 1960 : la gauche l'emporte nettement dans les classes moyennes et supérieures, le FN dans les classes populaires (employés et surtout ouvriers), alors que c'eût été plutôt l'inverse à l'époque. Quant à la droite, elle conserve son électorat traditionnel de cadres, d'indépendants (artisans et petits commerçants) et de retraités. À l'inverse, les cadres et les retraités sont peu favorables à l'extrême droite, même si un sixième à un cinquième d'entre eux vote pour elle, ce qui n'est toutefois pas négligeable. Sans surprise, les ouvriers boudent les candidats de droite. C'est la gauche qui possède le profil le plus général, le plus œcuménique, en ne tombant jamais au-dessous du quart de chaque catégorie, bien qu'elle soit située à l'une des extrémités du spectre politique, le FN occupant l'autre extrémité.

Les contrastes entre les classes d'âge sont un peu moins accentués, mais cependant importants.

Contrairement à l'opinion selon laquelle l'extrême droite, parti jeune, attirerait les jeunes, elle y réalise l'un de ses plus mauvais scores. Elle réussit mieux dans les classes d'âge actif, particulièrement entre 25 et 50 ans. Les motivations de ces derniers n'apparaissent pas clairement dans les enquêtes par sondage et ne se distinguent guère de celles des autres classes d'âge. Par exemple, à la question sur la signification personnelle de leur

TABLEAU 2
Préférences politiques des classes d'âge le 7 décembre 2015, jour du premier tour des élections régionales (%)

tendances politiques	15-24 ans	25-34 ans	35-49 ans	50-64 ans	65-74 ans
gauche	41	36	38	37	36
droite	29	25	24	28	44
ext. droite	28	35	35	32	19

vote, les jeunes répondent à 39 % qu'ils veulent sanctionner la politique du président de la République et du gouvernement, les seniors actifs, à 43 % et les personnes âgées de plus de 65 ans, à 42 %, trois pourcentages beaucoup plus proches les uns des autres que ceux obtenus par le FN dans ces classes d'âge. Sans surprise, la droite caracole en tête chez les personnes âgées, dont près de la moitié a voté pour elle. Elle obtient ses plus mauvais scores dans les classes d'âge actif. Enfin, la gauche surprend à nouveau avec son meilleur score chez les jeunes (18 à 24 ans). Comme pour les catégories sociales, ses résultats sont les plus homogènes, oscillant entre 36 et 41 %, tandis qu'à droite et au FN ils varient du simple au double (respectivement 24 à 44 % et 19 à 35 %).

La géographie des votes

De tels comportements devraient se traduire sur le terrain géographique, puisque la proportion des différentes classes d'âge et catégories sociales varie nettement d'un canton à l'autre et surtout d'une région à l'autre. Ainsi, les ouvriers sont plus fréquents dans la moitié nord de la France d'est en ouest, les personnes âgées dans le grand Sud-Ouest, les cadres et professions intermédiaires dans les agglomérations grandes et moyennes, pour ne citer que quelques

I-1

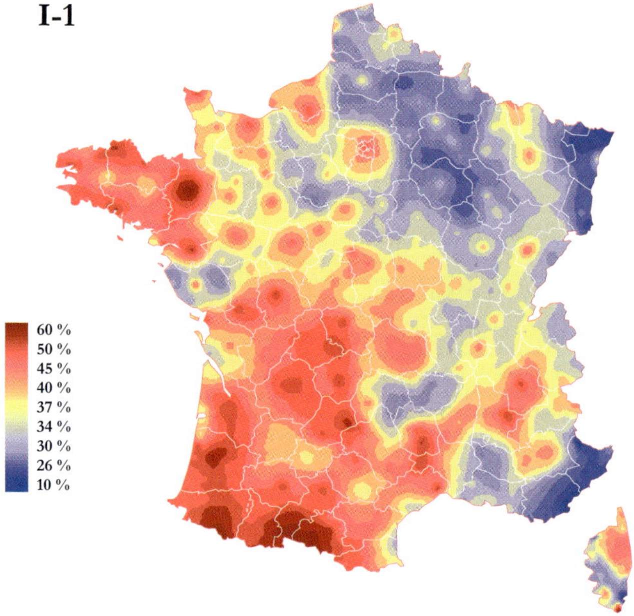

I-2

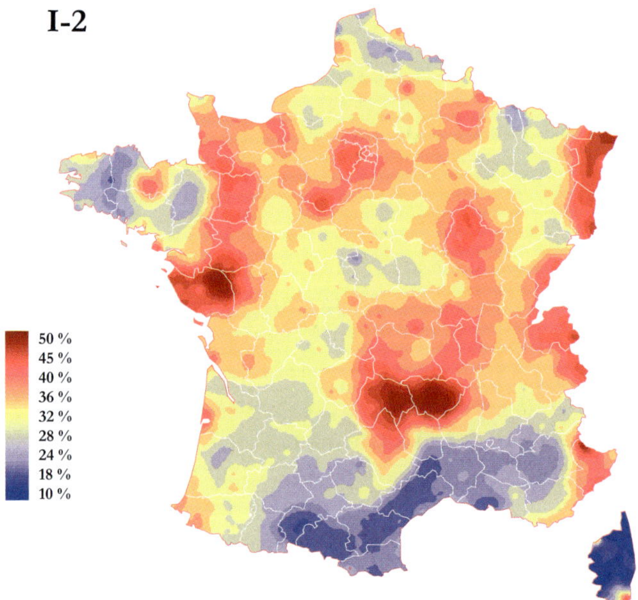

Pourcentages de voix obtenues par la gauche (I-1)
et par la droite (I-2) aux élections régionales de décembre 2015

I-3

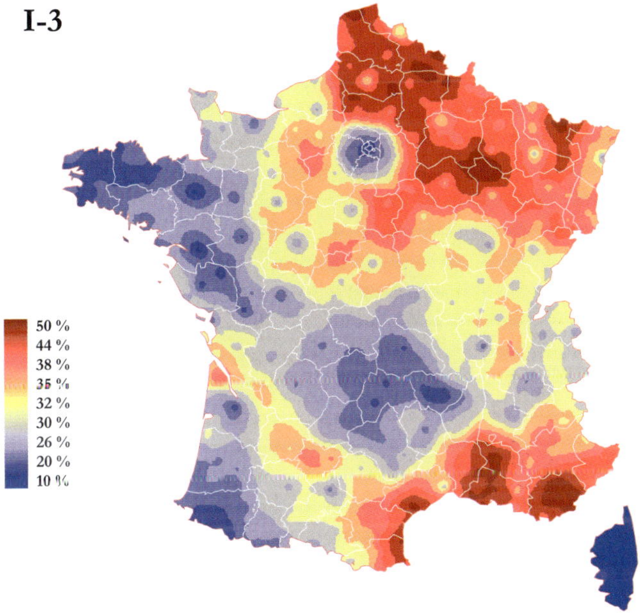

Pourcentages de voix obtenues par le FN (I-3) aux élections régionales de décembre 2015

cas. En bonne logique, le FN devrait donc réaliser ses meilleurs scores dans le nord de la France, à l'est comme à l'ouest, la droite devrait dominer dans le Sud-Ouest et le PS dans les grandes agglomérations. Or la répartition des pourcentages de suffrages exprimés obtenus par les trois blocs (cartes 1, 2 et 3) ne correspond pas du tout à ces caractérisations.

Le FN est certes en force dans le Nord-Est ouvrier, mais en faiblesse dans l'Ouest, qui compte maintenant une importante proportion d'ouvriers. Dans la région méditerranéenne, l'une des moins ouvrières de France, il réalise ses meilleurs scores. Quant à la gauche, elle se maintient dans le grand Sud-Ouest, au sud de la Loire et à l'est du Rhône, alors que cette zone, la plus âgée de France, aurait dû au contraire revenir à la droite. Les zones de force de cette dernière reflètent son long passé plus que sa composition sociale et démographique. On y retrouve les territoires du catholicisme (Pays basque, Ouest profond de la Vendée au Cotentin, revers sud-est du Massif central du Tarn à la Haute-Loire, Est avec la Lorraine, la Franche-Comté et l'Alsace). S'y mêlent les dernières traces de ce que fut l'électorat gaulliste (Bassin parisien).

Il existe donc une composante du vote qui échappe aux déterminismes sociologiques habituels. Dans des travaux précédents, on a mis en évidence les facteurs anthropologiques et politiques de longue durée de cette composante[1]. On va montrer par l'absurde qu'ils s'expriment presque indépendamment des proportions des groupes sociaux et des classes d'âge.

La géographie sociale n'explique pas la géographie électorale

Supposons donc que seule la catégorie sociale conditionne l'orientation politique. Comme on connaît la répartition sociale de la population âgée de plus de 18 ans dans chaque commune[2] et la répartition des votes entre les trois blocs pour chaque catégorie sociale (tableau 1 ci-dessus), on peut calculer par simple multiplication quel devrait être le résultat du vote dans chaque commune pour chaque bloc sous cette hypothèse. Les trois cartes (4, 5, 6) correspondant aux trois blocs sont radicalement différentes de celles des résultats observés au premier tour de l'élection régionale, mais

1. *Le Mystère français*, Paris, Seuil, La République des idées, 2013 (avec Emmanuel Todd), et *Les Trois France*, Paris, Odile Jacob, 1996.

2. Les données communales du dernier recensement, celui de 2011, sont disponibles sur le site de l'INSEE.

I-4

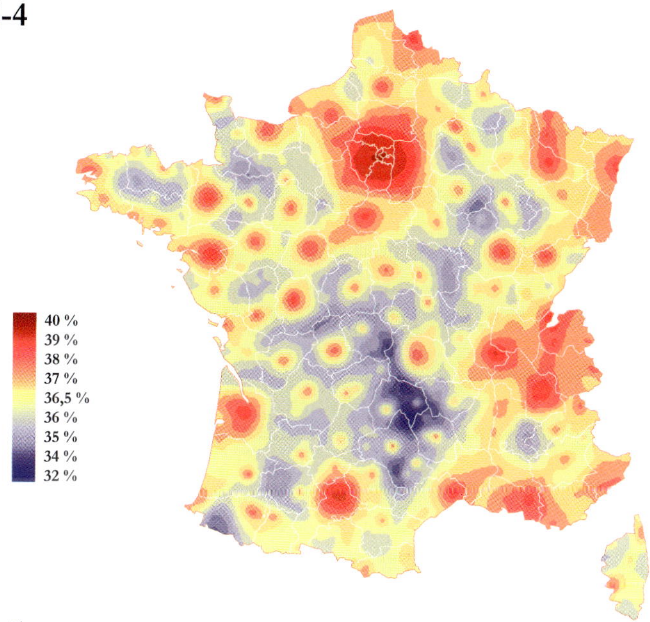

I-5

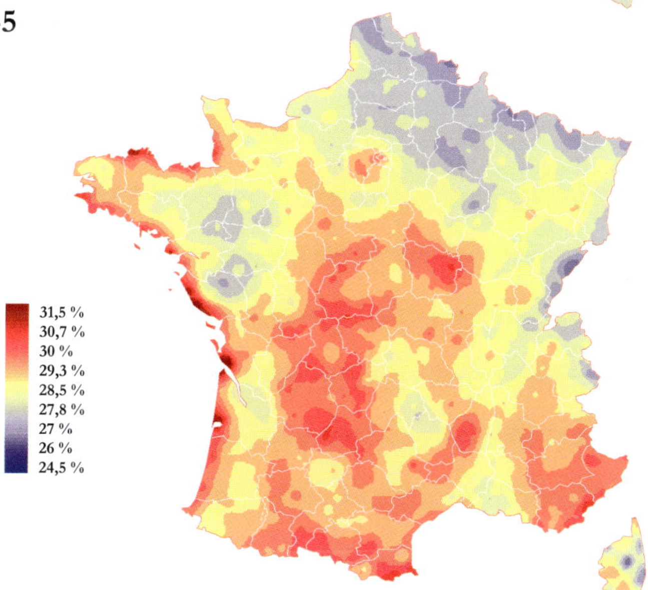

Pourcentages de votes de gauche (I-4) et de droite (I-5)
aux élections régionales de 2015 dans l'hypothèse où
seule la catégorie sociale déterminerait le vote

I-6

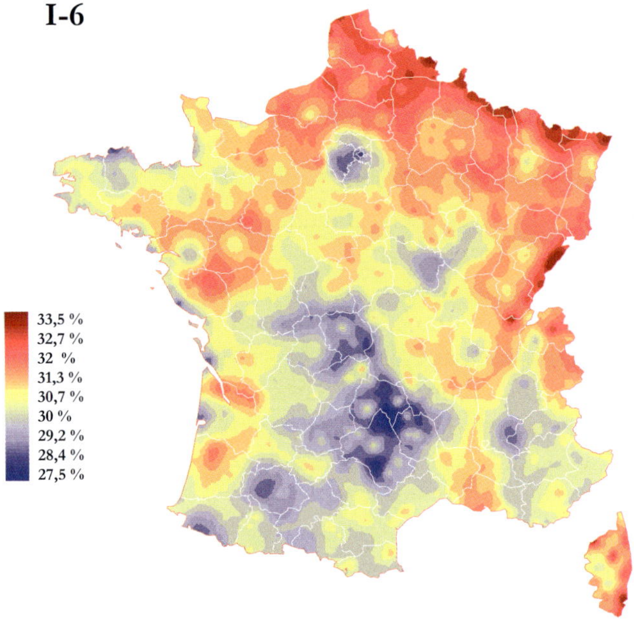

Pourcentages de votes FN (I-6) aux élections régionales de 2015 dans l'hypothèse où seule la catégorie sociale déterminerait le vote

reprennent assez bien ce que l'on pouvait imaginer *a priori*, étant donné la géographie sociale de la France : le FN accumulant ses meilleurs scores dans la moitié nord de la France, siège des plus forts pourcentages d'ouvriers, la gauche en meilleure position dans les agglomérations, siège des plus fortes proportions de cadres et de professions intermédiaires et la droite dans un grand Sud-Ouest où les retraités sont en plus forte proportion.

Comment concilier ces aspects en apparence contradictoires du caractère social et du caractère géographique du vote ? Un indice met sur la piste de l'explication : l'échelle des teintes, donc des proportions, est beaucoup plus resserrée dans le second lot de cartes que dans le premier. Si l'appartenance sociale fabriquait à elle seule le résultat du vote, 95 % des territoires auraient un score compris entre 33 et 37 % pour la droite et la gauche et entre 26 et 30 % pour le FN. Or, au premier tour, l'intervalle observé de variation du vote est beaucoup plus large, les 95 % étant seulement atteints à l'intérieur d'une large fourchette allant de 13 % à 60 %.

Pour mieux illustrer le contraste, on a représenté sur la figure 1 la répartition des 1 995 cantons métropolitains selon le pourcentage de suffrages exprimés en faveur de la gauche et selon le pourcentage de voix attendues, si seule l'appartenance sociale comptait pour le vote. Alors que la première distribution est très étalée, la seconde est si concentrée que l'on a classé ses pourcentages de 1 % en 1 %, alors qu'ils sont disposés de 5 % en 5 % pour les résultats observés. Tandis que les pourcentages observés se distribuent entre dix classes d'âge quinquennales, ceux de la reconstruction à partir des catégories sociales tiennent presque tous dans deux classes. Une forte différence de profil social ne fait au mieux que déplacer d'un cran la classe de vote, donc laisse la répartition géographique pratiquement inchangée. Le constat ne se limite pas à la gauche.

Les figures 2 et 3 reprennent le principe de la figure 1 pour les votes de droite et d'extrême droite. Le même commentaire s'impose. Quelle que soit l'orientation politique retenue, la composition sociale des cantons ne donne aucune indication sur le résultat du premier tour des départementales. Il y a pire, si l'on peut dire, et cela transparaît dans la comparaison du premier lot de cartes consacré aux résultats du premier tour avec le second lot représentant l'hypothèse d'une causalité sociale unique. Au niveau des 1 995 cantons, les corrélations entre les deux cartes d'un même parti sont faibles : 0,204 pour les votes de gauche, 0,112 pour les votes de droite et 0,435 pour l'extrême droite. Ce qui signifie concrètement que les cantons situés dans les classes de faible pourcentage du profil de la simulation ne sont pas situés dans les classes de faible pourcentage du profil des résultats observés, mais dispersés entre toutes ses classes et de même pour les plus forts pourcentages ou pour les pourcentages moyens.

Tout ceci n'est pas étrange. Il est plus étrange que l'on ait pu croire que la configuration sociale locale était prédictive du vote. Un modèle très simple permet de résumer le paradoxe et d'en tirer les conséquences : prenons deux cantons, l'un comprenant un quart d'ouvriers, l'autre deux fois plus, donc la moitié. Supposons que le vote FN soit partout deux fois plus important chez les ouvriers que dans le reste de la population. Supposons enfin que le vote FN soit deux fois plus élevé dans toutes les strates de la première population que dans toutes celles de la seconde. Globalement, le vote FN dans la première population sera de :

$$20\,\% \times 3/4 + 40\,\% \times 1/4 = 25\,\%$$

et celui de la seconde population de :

$$10\,\% \times 1/2 + 20\,\% \times 1/2 = 15\,\%$$

Bien que les ouvriers soient en proportion double dans la seconde population, le vote en faveur du FN y est nettement inférieur à celui qu'on observe dans la première population. La proportion d'ouvriers n'est donc pas prédictive de l'importance du vote en faveur du FN dans ces deux cantons, bien au contraire.

Les mêmes reconstructions peuvent être effectuées en supposant cette fois que la répartition par âge de la population et non la catégorie sociale est le seul facteur explicatif du vote. Les résultats de cette hypothèse seraient encore plus décevants que ceux de l'hypothèse d'une causalité purement sociale. La concentration autour de la moyenne des résultats obtenus dans chaque canton serait encore plus forte, et les corrélations encore plus faibles entre votes observés et votes simulés. Ne faudrait-il pas supposer une causalité conjointe de l'âge et de la catégorie sociale pour se tirer d'affaire ? C'est illusoire pour deux raisons.

Figure I-1

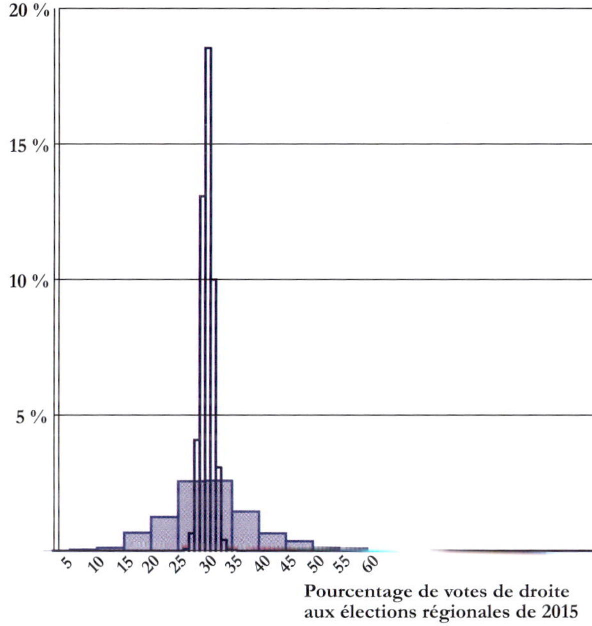

Figure I-2

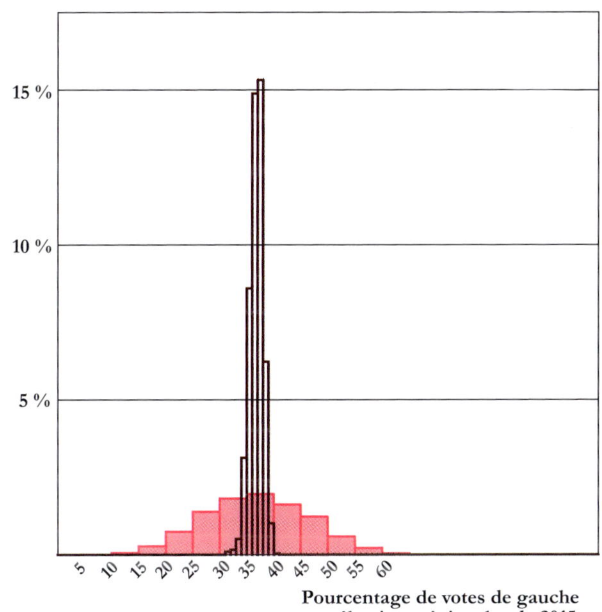

Distributions observées et reconstituées des 1995 cantons
selon le pourcentage de votes de droite (I-1) et de votes de gauche (I-2)
aux élections régionales de 2015

Figure I-3

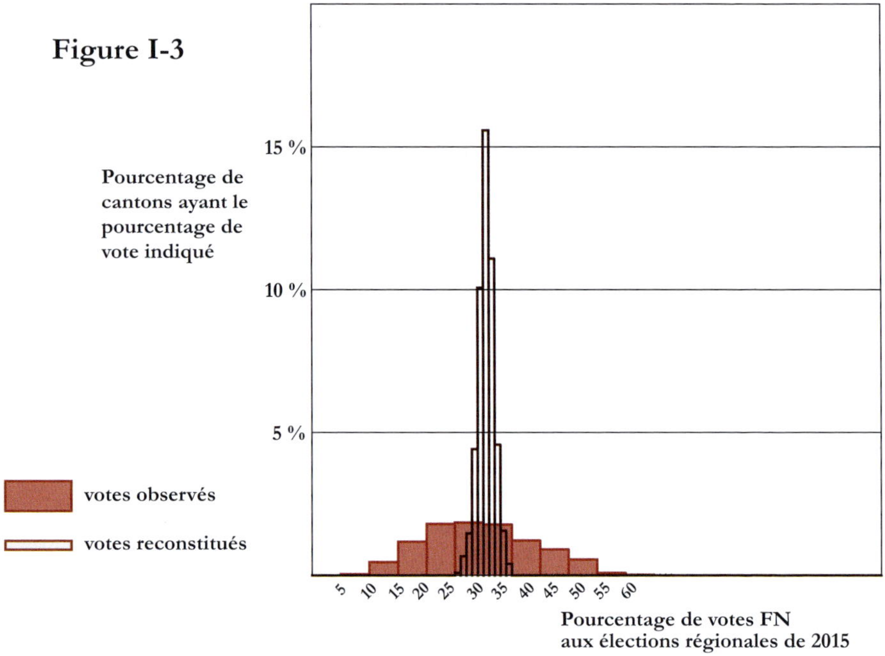

Distributions observées et reconstituées des 1995 cantons selon le pourcentage de votes FN aux élections régionales de 2015

D'abord, le manque de données. Les sondages au moment des élections portent sur environ 2500 personnes. S'il fallait combiner classes d'âge et catégorie sociale, soit ici 5 × 7 catégories, il faudrait interroger plus de 10000 personnes pour éviter d'amples fluctuations aléatoires. De toute manière, cela se solderait par un échec car, même en supposant que ces deux critères soient indépendants et que leur prise en compte commune soit complètement corrélée aux résultats, ils ne captureraient que 1 % de la variation totale des votes[1].

1. Par exemple, la variance des votes de gauche par canton (en %) est de 184. Dans la première simulation, elle tombe à 1,5 et dans la seconde à 0,3.

Même échec si l'on introduisait d'autres caractéristiques, par exemple le niveau d'éducation qui est souvent recueilli dans les enquêtes par sondage.

Le divorce manifeste entre les caractères socio-démographiques et les caractères géographiques soulève deux objections graves : les caractères sociaux sont-ils pertinents ? Et les corrélations fortes entre, par exemple, vote de droite et pratique religieuse ou vote FN et malaise social mesuré par un ensemble de comportements sont-elles factices ? Illustrent-elles le vieil adage selon lequel corrélation n'est pas causalité ?

La mémoire de l'espace

La première objection est relativement simple à lever. Les sondages donnent en général une assez bonne image du vote des catégories sociales et des classes d'âge à l'échelle nationale, mais ils ne peuvent pas être transposés à l'échelle locale. Le seul moyen d'y parvenir serait de réaliser un sondage dans chaque canton, ce qui est hors d'atteinte des instituts de sondage et de leurs clients. Les circonstances varient en effet prodigieusement de lieu à lieu. Ainsi, à l'époque où il atteignait 20 % au niveau national, le Parti communiste obtenait les voix de moins de 10 % des ouvriers alsaciens et celles de plus de 40 % des agriculteurs du Limousin. Savoir que 35 % des ouvriers votaient pour le PC à l'échelle nationale, et 10 % des agriculteurs, ne rendait pas compte des différences locales de comportement qui résultaient de faisceaux historiques complexes de causes, faisceaux s'établissant sur des portions assez larges du territoire, pays au sens de Vidal de La Blache, départements, voire provinces, tels que l'Alsace ou des espaces plus larges encore comme le grand Ouest et le grand Sud-Ouest.

Dans l'exemple précis du Parti communiste, pour comprendre la différence entre le Limousin et l'Alsace, il faut remonter au mode de faire-valoir agricole traditionnel (le métayage dans le Limousin), au rôle des grèves dans les fabriques de porcelaine de Limoges au début du siècle[1], voire au rôle des maçons limousins migrant saisonnièrement à Paris au XIXe siècle (ils formaient le gros des travailleurs des Ateliers nationaux en 1848). Il faut aussi tenir compte de la déchristianisation ancienne de cette province. Pour les Alsaciens, les raisons sont différentes, avec une population catholique pratiquante, donc peu sensible aux sirènes du PCF. Ce dernier obtenait cependant des scores assez importants avant-guerre. L'enrôlement des jeunes Alsaciens dans la Wehrmacht (les « malgré nous »), dont un certain nombre faits prisonniers par l'armée Rouge ne revinrent dans leur pays qu'au milieu des années 1950 – quand ils revinrent –, n'avait pas donné aux Alsaciens une image positive du socialisme réel.

La seconde objection est fondamentale, car elle concerne la conception même du vote. Il est habituellement considéré comme un acte individuel par excellence, ce qu'illustre le passage par l'isoloir. Dès lors, les explications du vote sont aussi individuelles. Mais supposons que nous connaissions un nombre énorme de caractéristiques de chaque individu, un *big data*. Leur choix électoral resterait cependant très largement imprévisible à partir de cette masse de données.

Pourquoi ? La remarque sur le vote communiste en Alsace et dans le Limousin aide à le comprendre : la plupart des éléments qui ont été évoqués pour cerner les différences entre ces deux provinces ne sont pas individuels, mais collectifs ou relationnels. Le fait que des maçons limougeauds aient participé à la révolution de 1848 n'est pas une caractéristique personnelle de l'électeur de la Haute-Vienne dans les années 1970. Pas plus que le fait que les « malgré nous » aient été retenus prisonniers en Sibérie durant une dizaine d'années. Le métayage est devenu résiduel, d'autant plus que les agriculteurs sont aussi devenus minoritaires. La religion compte plus pour un certain type de relations communautaires qu'elle a créées et qu'elle entretient que pour ses rites.

1. Voir Pierre Vallin, *Paysans rouges du Limousin*, Paris, L'Harmattan, 1985.

De même, la nette coïncidence entre le vote FN et un certain nombre de problèmes sociaux (fort taux de chômage, forte proportion de sans-diplômes, fort pourcentage de familles monoparentales, fort taux de pauvreté, importants écarts de revenus localement) ne signifie pas que les mères de famille monoparentale, les chômeurs, les sans-diplômes votent FN[1], mais que ces difficultés et ces inégalités tourmentent les personnes qui vivent dans les lieux où elles sont répandues. La famille craint pour le chômage de ses enfants et pour leur absence de perspective faute de diplômes. Les enfants craignent pour leurs parents menacés de pauvreté quand ils vieillissent. Les différences sociales plus importantes qu'ailleurs sont d'autant moins acceptées. Le vote est le résultat de cette atmosphère collective, au moins autant que celui des caractéristiques personnelles de l'électeur[2]. Pour cette raison, il est possible de mettre en relation des indicateurs des mentalités collectives et des résultats électoraux, de bâtir et de tester des chaînes causales à partir de leur empreinte spatiale.

Instabilité des sondages électoraux

Une différence majeure entre les caractères collectifs de l'environnement et ceux personnels des individus concerne leur stabilité. Les enquêtes d'opinion montrent en effet de fortes et rapides variations des intentions de vote. Par exemple, un mois avant le premier tour des élections départementales de mars 2015, l'IFOP avait procédé à une enquête sur les intentions de vote en

1. Le récent ouvrage de Nonna Mayer et Céline Braconnier (*Les Inaudibles. Sociologie politique des précaires*, Paris, Presses de Sciences Po, 2015) montre que la très grande déréliction sociale conduit à l'abstention plus qu'au vote contestataire.

2. Un ouvrage de l'anthropologue Marshall Sahlins analyse cette opposition entre l'individualisme proclamé et le comportement collectif: *The Western Illusion of Human Nature*, Chicago, Prickly Paradigm Press, 2008.

utilisant la même liste de partis et les mêmes catégories sociales que l'enquête menée au moment du vote. Les résultats en ont été les suivants.

Tableau 3
Variations des intentions de vote par catégorie sociale entre février 2015 et mars 2015 (en %, les intentions de vote en février, entre parenthèses les plus fortes variations par rapport au 22 mars, jour du premier tour des élections départementales)

tendances politiques	artisan, commerçant	cadre, prof. lib.	prof. interm.	employé	ouvrier	retraité	autres
gauche	38 (-11)	33 (+11)	31 (+11)	24 (+9)	32	40	45
droite	46	43	23 (+11)	26	12	35 (+10)	20 (+14)
ext. droite	12 (+16)	20 (-7)	35 (-11)	46 (-8)	51	15	31 (-14)
divers	4	4	11	4	5	10	4

Ces pourcentages diffèrent nettement de ceux qui ont été observés un mois plus tard, au moment du premier tour. On a inscrit les écarts les plus marquants entre parenthèses. Malgré la présence de la catégorie politique « divers », qui a pu basculer tout ou en partie vers l'un des trois blocs, les écarts dépassent souvent 10 % en plus ou en moins. Les valeurs les plus erratiques concernent le FN, surestimé par rapport au résultat du vote dans toutes les catégories, sauf les artisans et commerçants dont 17 % s'étaient déclarés en faveur de l'extrême gauche (une aberration sans doute due au faible nombre de personnes de la catégorie) en février, mais seulement 1 % avaient ensuite déclaré avoir voté pour elle. Face à ces larges fluctuations, il est difficile de trancher entre ce qui est le fait du sondage, de la correction de son échantillon, de la compréhension des questions par les sondés et ce qui correspond à un véritable changement d'opinion.

La plupart des politologues penchent pour la dernière

hypothèse et soutiennent la thèse de la versatilité croissante ou, pour reprendre un terme à la mode, de la « désaffiliation » des électeurs dont les appartenances politiques seraient devenues de plus en plus instables. Mais une telle versatilité s'accorde mal à la recherche de causalités socio-démographiques. Comme la composition par âge et par classe sociale change lentement, ce seraient les comportements des classes d'âge et des classes sociales qui changeraient rapidement, ce qui rendrait assez fragile la pertinence de ces catégories pour l'analyse des résultats électoraux. Quoi qu'il en soit, les sondages avant l'élection et pendant l'élection étant menés avec la même méthodologie, il faut admettre l'existence de fluctuations rapides et amples du comportement des catégories sociales et des classes d'âge, qu'elles soient installées dans la tête ou dans l'urne.

Au contraire, les différences régionales restent très stables d'une élection à la suivante, comme on va maintenant le constater en comparant les résultats des élections régionales à ceux de l'élection présidentielle de 2012, puis à ceux des élections européennes de 2014 et départementales de 2015. La différence entre l'approche géographique et l'approche socio-démographique ne provient donc pas seulement d'une différence des instruments d'observation – résultats exhaustifs dans des circonscriptions géographiques contre sondages sur des individus –, mais d'une différence de nature. Les écarts entre les territoires appartiennent à la longue durée, tandis que les écarts entre les résultats globaux des élections obéissent à des facteurs du court et du moyen terme.

Avant de comparer les élections régionales à celles qui les ont immédiatement précédées, une remarque sur ce qui précède : la méthode utilisée pour montrer l'absence d'influence de la structure d'âge ou de la structure sociale sur les résultats à l'échelle des cantons est une forme très simple de simulation. On a recherché quel aurait dû être le résultat de l'élection si les catégories sociales ou les classes d'âge avaient voté de la même manière quel que soit le canton. On a donc construit par simulation des élections fictives, des élections « avec des si ».

CHAPITRE 2

La périphérie introuvable

Pour les médias et pour l'opinion, le fait politique marquant depuis l'élection présidentielle de 2012 a été le score élevé du FN au premier tour des élections régionales de 2015. Certes, avec 28,4 % des suffrages en métropole, le FN a progressé de 2,7 points par rapport à son score aux élections départementales de mars 2015, neuf mois auparavant. Mais la dramatisation de cette avancée laisse dans l'ombre trois changements électoraux plus sérieux qui ont également eu lieu entre 2012 et 2015 (tableau 4 et figure 4).

Trois années et trois votes qui bouleversent les rapports de force

Le premier, relativement prévisible, est une chute de 10 points de l'électorat de gauche entre 2012 et les élections européennes de 2014. Corrélativement, sur la même période, et c'est le second changement, le FN fait un bond de 7,4 points, presque trois fois celui qui a suscité tant d'alarme après les élections régionales. Enfin, troisième secousse, entre les départementales de mars 2015 et les régionales de décembre 2015, la droite perd inopinément 5 points. Les puristes objecteraient que la progression du FN aux régionales de 2015 doit être mesurée par rapport aux précédentes élections régionales de 2010, au cours desquelles il n'avait récolté que 9,2 % des suffrages. Un principe de l'analyse politique stipule en effet qu'on ne compare que des élections semblables, les présidentielles aux présidentielles, les européennes aux européennes, etc.[1].

TABLEAU 4
Évolution du pourcentage de suffrages exprimés
pour chacune des trois grandes tendances politiques
entre l'élection présidentielle de 2012
et les élections régionales de 2015

tendances politiques	présidentielle 2012	européennes 2014	départementales 2015	régionales 2015
gauche	43,4	33,6	36,7	37,1
droite	38,1	36,5	36,4	31,6
Front national	18,3	25,7	25,7	28,4
divers	0,2	4,2	1,3	2,9

Mais deux élections de même type ayant eu lieu sous une présidence et un Parlement de couleurs politiques opposées et dans des conditions historiques différentes sont moins comparables que deux élections de type distinct ayant eu lieu à des dates rapprochées sous la même présidence et avec le même Parlement. La nationalisation de la campagne des départementales et des régionales et

1. Dans le cas des départementales, c'est pratiquement impossible, à cause du changement du mode de scrutin et du découpage des circonscriptions et, plus encore, parce que les élections départementales, autrefois nommées cantonales, se déroulaient à deux dates distinctes, une moitié des cantons votant trois ans après l'autre moitié (2008 et 2011 pour le dernier exercice).

Figure II-4
Scores des trois blocs politiques aux premiers tours des quatre élections ayant eu lieu entre 2012 et 2015

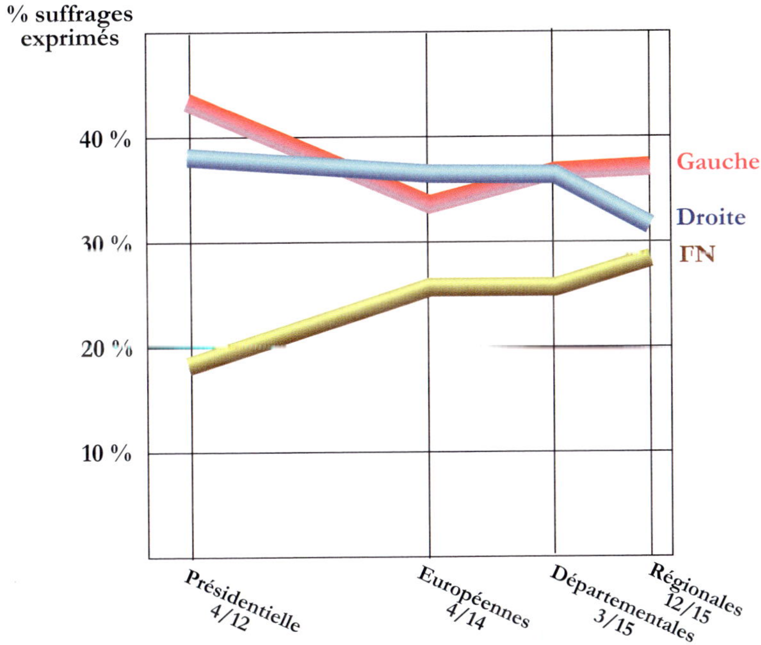

la quasi-couverture complète des cantons puis des régions par les trois tendances politiques dominantes rend en outre pertinentes les comparaisons entre 2012, 2014 et 2015[1].

1. Dans ces comparaisons, on a compté ensemble tous les partis de gauche, de l'extrême gauche jusqu'aux divers gauches et tous les partis de droite, du MoDem à Debout la France. Quelques cas inclassables ont été laissés de côté (Cheminade, écologistes indépendants, régionalistes, UPR).

L'obsession de la périphérie

L'une des explications favorites de la montée du FN a été sa progression dans les zones rurales les plus reculées et plus généralement dans une France « périphérique ». Or, entre 2012 et 2015, il y a souvent progressé moins que dans les grandes villes. Alors que son score augmente de 10 points en moyenne nationale, il n'en gagne que 2,2 dans le Lot, 4 dans les Côtes-d'Armor, 7 en Mayenne et dans l'Aveyron, départements parmi les plus ruraux. En revanche, dans des départements très urbains, il dépasse sa progression nationale : 19 points de plus dans le Pas-de-Calais, 17 de plus dans les Bouches-du-Rhône, 13,7 en Meurthe-et-Moselle. On peut objecter que la hausse peut être causée par les zones les plus rurales de ces départements sans que leurs grandes agglomérations suivent. Ce n'est pas le cas si l'on détaille l'augmentation selon la dimension des communes de ces départements (tableau 5).

TABLEAU 5
Augmentation du % de suffrages exprimés en faveur du FN entre le premier tour de l'élection présidentielle de 2012 et le premier tour des élections régionales de 2015

population des communes	Pas-de-Calais	Bouches-du-Rhône	Cantal	Côtes-d'Armor
< 1 000 habitants	19,4	14,7	1,7	3,0
1 000-5 000 h.	18,7	18,3	2,4	4,1
5 000-20 000 h.	18,9	18,1	3,2	3,9
20 000-50 000 h.	17,1	17,3	3,0	4,3
> 50 000 h.	23,4	13,7	sans objet	sans objet
Total	**18,9**	**17,1**	**2,2**	**3,9**

De telles évolutions contredisent la conception d'un vote périphérique. Est-ce l'intervention combative de Manuel Valls durant la semaine précédant l'élection qui a permis la reconquête des campagnes ? Peut-être les ruraux y ont-ils été sensibles, mais pourquoi les urbains auraient-ils fait la sourde oreille ?

Les quatre départements passés au crible de la ruralité dans le tableau 5 ne sont pas forcément représentatifs de l'ensemble de la France. Des circonstances particulières peuvent y avoir poussé les périphéries à s'aligner sur les centres ou l'inverse. Le seul moyen d'en avoir le cœur net consiste à suivre les scores du FN pour chaque dimension de commune au cours des quatre élections ayant eu lieu de 2012 à 2015. C'est l'objet du tableau 6.

TABLEAU 6

Évolution des votes d'extrême droite entre l'élection présidentielle de 2012 et les élections régionales de 2015 selon le nombre d'habitants de la commune des électeurs

population des communes	présidentielle 2012	européennes 2014	départementales 2015	régionales 2015
< 1 000 habitants	21,0	29,8	27,5	29,5
1 000-5 000 h.	20,2	28,0	27,2	31,1
5 000-20 000 h.	18,6	25,7	25,9	29,3
20 000-50 000 h.	16,2	22,4	23,8	25,4
> 50 000 h.	12,9	19,1	21,3	22,1
Total	**18,3**	**25,7**	**25,7**	**28,4**

Dans toutes les tranches de communes, le FN a nettement progressé au cours de ces trois années. Mais, la hausse n'a pas la même ampleur partout. Elle atteint 11 points dans les communes de dimension moyenne (1 000 à 20 000 habitants) contre 9 points dans les plus petites communes (moins de 1 000 habitants) ou les plus grandes (plus de 20 000 habitants). Il est possible que les petites agglomérations aient plus souffert du départ des commerces de proximité et des services publics (par exemple les petites structures hospitalières) que les plus grandes et que les bourgs ruraux déjà dépourvus de ces services.

En tout cas, la progression plus importante du FN dans les zones rurales relève d'une illusion d'optique. Cette progression est antérieure. Elle prend de l'ampleur à partir de l'élection présidentielle de 2007 et a atteint son plein effet en 2012. L'argument du vote périphérique, exact entre 2007 et 2012, a été reconduit à tort pour la période suivante, au cours de laquelle, au contraire, l'éventail entre les communes rurales et les grandes villes s'est resserré : de 11,7 points en 2012, il a été réduit à 7,4 points en 2015, malgré un score du FN en hausse de 50 %. On s'en rend mieux compte en ramenant le score national du FN à une même base 100 et en calculant les scores par rapport à cette base (tableau 6B).

Tableau 6B
Scores du tableau 6 ramenés à la même moyenne 100
à chaque élection

population des communes	présidentielle 2012	européennes 2014	départementales 2015	régionales 2015
< 1 000 habitants	115	116	107	104
1 000-5 000 h.	110	109	106	110
5 000-20 000 h.	102	100	101	103
20 000-50 000 h.	89	87	93	89
> 50 000 h.	70	74	83	78
Total	**100**	**100**	**100**	**100**

Ce dernier tableau donne une vision légèrement différente de celui qui indiquait les scores en vraie valeur. À part un léger sursaut aux élections européennes, les petites communes se sont rapprochées de la moyenne nationale, dont elles ne diffèrent plus que de 4 %. Les grandes villes ont suivi à peu près le même mouvement à l'exception des élections départementales. Elles se situent maintenant à 22 % au-dessous de la moyenne nationale. Les rapports à la moyenne des trois autres catégories couvrant la gamme de 1 000 à 50 000 habitants n'ont pratiquement pas varié au cours de la période.

La conclusion qui s'impose au vu de ces chiffres rejoint une observation faite assez fréquemment, celle de la généralisation du vote FN. D'habitude, elle concerne l'extension du vote FN à toutes les classes sociales (à supposer que ce n'ait pas été le cas auparavant). Ici, elle s'appliquerait spécifiquement à la résidence (mais le chapitre suivant va apporter un autre point de vue en passant de la démographie à la géographie, ou du nombre d'habitants à l'espace).

Les fluctuations du vote rural

L'exception du fort vote rural aux élections européennes, puis celle du vote urbain aux élections départementales ont été signalées en passant, mais elles méritent qu'on s'y arrête, car elles en disent long sur les électeurs. Ils ont pris au sérieux la différence de nature des deux votes. L'objet du scrutin et ses enjeux à long terme ont été mis en balance, dans un cas, en ce qui concerne l'avenir de l'Europe, dans l'autre, celui des instances locales. Les zones rurales n'ont pas seulement voté pour le FN en 2014, mais contre l'Europe que ce parti vilipendait. Elles estimaient en effet souffrir de la concurrence et de la politique agricole commune (PAC) à cause de laquelle les aides de Bruxelles fondaient. Cette raison ne vaut plus pour les élections départementales au cours de laquelle les ruraux ont, au contraire, exprimé une défense des échelons locaux que le FN représentait mal, faute de cadres, et pour avoir nationalisé les enjeux de la campagne.

Inversement, les villes et surtout les métropoles, dont le vote est toujours plus favorable à l'Europe que la moyenne lors des référendums (Maastricht et 2005), ont boudé le Front en 2014 en raison de son hostilité à Bruxelles, puis lui ont été un peu plus favorables en 2015, la question européenne n'étant pas la première préoccupation des élections départementales. Si l'on excepte ces deux petites fluctuations, l'évolution des votes FN est remarquablement homogène. Il faut imaginer ce parti, et plus largement peut-être tout parti politique, de manière géologique, comme une superposition de couches qui toutes subsistent plus ou moins décalées. Au FN, la couche « rejet de l'immigration », qui a été la première, est encore visible, mais recouverte et débordée par la couche « ruralité et péri-urbain » qui, à son tour, commence à être recouverte par une couche « ancrage », notamment dans la plupart des municipalités gagnées par le FN et, à un moindre degré, dans les grandes villes.

La méprise sur l'évolution « périphérique » du vote FN tient peut-être à une erreur de point de vue, ce que l'historien britannique Peter Laslett avait qualifié de « *the wrong way through the telescope* »[1], regarder dans la longue-vue par le mauvais côté. En l'occurrence, avoir jugé l'avancée du FN en se fixant sur la retraite électorale de la droite entre 2012 et 2015. Le tableau 7, sur lequel on lit les pertes de la gauche et de la droite selon la dimension des communes au cours de cette même période, montre en effet que la droite a nettement plus reculé dans les petites communes que dans les grandes. Or elle y était mieux implantée que la gauche et la porosité de son électorat avec celui du FN y était plus probable. Il était tentant d'en conclure à une récupération de cet électorat par le FN. Mais les élections sont un sport subtil et compliqué qui déjoue souvent les causalités directes.

On voit sur le tableau 7 qu'entre 2012 et 2015, la gauche a nettement moins régressé dans les communes rurales que dans les villes moyennes et grandes. Une partie des pertes de la droite

1. Peter Laslett, « The wrong way through the telescope : a note on literary evidence in sociology and in historical sociology », *The British Journal of Sociology*, vol. 27, n° 3, septembre 1976, p. 319-342.

est allée au FN, mais une autre a profité à la gauche. Au petit pourcentage près des votes « divers », les gains du FN sont d'ailleurs logiquement la somme des pertes de la gauche et de la droite. À l'issue de ces mouvements divers, les scores de la droite sont devenus pratiquement indépendants de la dimension des communes (les 5 classes de communes se situent entre 32,1 % et 32,6 %), la gauche est devenue un peu moins urbaine (l'écart de ses résultats entre les communes rurales et les grandes villes est passé de 9,4 % à 6,6 %) et le FN est lui aussi devenu plus homogène, ses scores en milieu rural et dans les grandes villes se rapprochant de son score national.

TABLEAU 7
Pertes de la droite et de la gauche
(différence de leurs pourcentages)
entre le premier tour de l'élection présidentielle de 2012
et le premier tour des élections régionales de 2015

population des communes	pertes de la droite	pertes de la gauche
< 1 000 habitants	6,4	4
1 000-5 000 h.	7,5	5,7
5 000-20 000 h.	6,3	6,6
20 000-50 000 h.	3,7	7,6
> 50 000 h.	3,9	6,8
Total	**6,5**	**6,3**

S'ils invalident l'idée d'un progrès périphérique du FN, ces résultats n'expliquent en rien les grandes différences entre départements qui apparaissaient sur le tableau 5. Le classement des communes selon le nombre de leurs habitants reste une notion abstraite, une construction *a priori* qui met ensemble des localités très différentes du Sud, du Nord, de l'Est, et de l'Ouest. La compréhension des évolutions récentes demande une véritable analyse géographique. Les cartes du chapitre précédent, qui représentaient les votes en faveur des trois tendances politiques, laissaient certes entrevoir des différences entre les grandes agglomérations et les zones rurales, mais montraient surtout des contrastes très importants entre grandes régions. Ces derniers vont maintenant être examinés, car ils offrent une meilleure compréhension des évolutions en cours.

CHAPITRE 3

Chassés-croisés gauche-droite et poussée du FN

Au vu des résultats globaux, il est tentant de distinguer deux phases dans la montée du FN depuis 2012. Au cours de la première, entre l'élection présidentielle et les élections départementales, le FN, qui a gagné 7 points, a largement profité de la chute de la gauche qui a perdu le même nombre de points. Au cours de la seconde phase, qui va des élections départementales aux régionales, le FN a encore progressé de 2,7 points, tandis que la droite en perdait 4,7, et que la gauche progressait un peu. Un coup à gauche, un coup à droite, est-on tenté de conclure. En fait, indépendamment de la progression du FN, des échanges importants se sont produits entre la gauche et la droite à l'échelle locale et régionale. L'apparition d'une troisième force politique capable de rivaliser avec les deux tendances traditionnelles a désorganisé ces dernières.

Gauche et droite : défensive et offensive

L'ampleur des variations locales des scores de la droite et de la gauche en un si court laps de temps a de quoi surprendre. Les mouvements ne sont pas désordonnés pour autant. Entre le premier tour de l'élection présidentielle de 2012 et celui des élections départementales de mars 2015, les pertes de la gauche et les gains de la droite se conforment à la géographie centenaire de leur implantation.

Malgré la poussée du FN, la droite progresse dans les bastions catholiques du Pays basque, du sud du Massif central, du Lyonnais, de la Savoie, de l'Alsace et de la Lorraine (carte 7). Dans le grand Ouest, ses scores s'améliorent aussi sauf dans les grandes agglomérations où la gauche résiste (carte 8). Cette dernière ne subit pas une déconfiture générale malgré la perte de 7 points. Elle améliore même légèrement ses résultats dans le sud de la Garonne (parfois en raison de l'absence de candidat d'extrême droite dans des cantons ruraux) et se maintient dans le Sud-Ouest où elle est d'habitude en tête. Inversement, elle sombre dans un grand arc nord, de la Vendée à l'Alsace et au Jura, où ses pertes dépassent souvent 10 points. En règle générale, la gauche comme la droite tiennent leurs troupes là où elles sont bien établies de longue date. Elles perdent du terrain là où elles étaient déjà fragiles ou en déclin à cause de la sclérose de leurs appareils.

On peut en conclure que les deux tendances majoritaires plient, mais ne cèdent pas au FN. Le même constat vaut sur la courte période qui va des élections départementales de mars 2015 aux régionales de décembre 2015, mais avec un chassé-croisé : la gauche progresse dans les bastions de droite et la droite dans les territoires de la gauche. Effectivement, si l'on dresse (carte 9) la liste des progrès de la gauche, on retrouve les mêmes zones qui avaient vu la droite monter au cours des deux années précédentes, par exemple, le Pays basque, le grand Ouest, la Lorraine, la Savoie, etc.

Inversement, la droite se maintient dans le Sud-Ouest et dans le Nord, malgré sa chute générale de 4,7 points. À y regarder de plus près, les gains de la gauche correspondent au changement d'orientation de la droite impulsé par Sarkozy. Les régions catholiques, depuis leur prise en main par le MRP au sortir de la Seconde Guerre mondiale appartiennent à la droite modérée, qui goûte moyennement la dérive vers l'extrême droite. Plus largement, les gains de la gauche dans le vaste arc nord du pays, de la côte Aquitaine à l'Alsace ne sont pas seulement un rebond après la forte baisse enregistrée durant les années précédentes, mais reprennent presque exactement les contours des votes gaullistes. Cette sensibilité de la droite est elle aussi rétive aux avances que Sarkozy fait à l'extrême droite. Le FN ne ponctionne donc pas seulement 28 % de l'électorat en décembre 2015. En raison de ses positions, il entraîne un reclassement des 72 % d'électeurs restants qui ne votent pas pour lui.

Les variations de l'électorat sur une si courte période ne s'expliqueraient-elles pas plus simplement par la présence de personnalités de premier plan dont un canton, un département ou une région peut espérer tirer avantage ? L'influence des ténors de la majorité et de l'opposition est effectivement sensible (cartes 9 et 10), mais elle demeure limitée à leur implantation locale.

Ainsi, la droite bénéficie de bons scores à Saint-Quentin où Xavier Bertrand, tête de liste dans le Nord-Picardie, est maire, autour du Puy-en-Velay où Laurent Wauquiez mène la droite en Rhône-Alpes-Auvergne. De même, en Bretagne, le ministre de gauche Jean-Yves Le Drian, tête de liste et ancien président du conseil régional, tire-t-il vers le haut la gauche dans le Morbihan, tandis que son adversaire de droite Marc Le Fur mord sur l'électorat de gauche dans les environs de Saint-Brieuc. À part ces quelques cas, les autres têtes de liste ne laissent guère de trace sur les cartes, à l'exception de celles du FN sur lesquelles on reviendra plus loin. Ni Carole Delga dans le Languedoc-Midi-Pyrénées, ni Bruno Retailleau dans les Pays de la Loire, ni Virginie Calmels soutenue par Alain

III-7

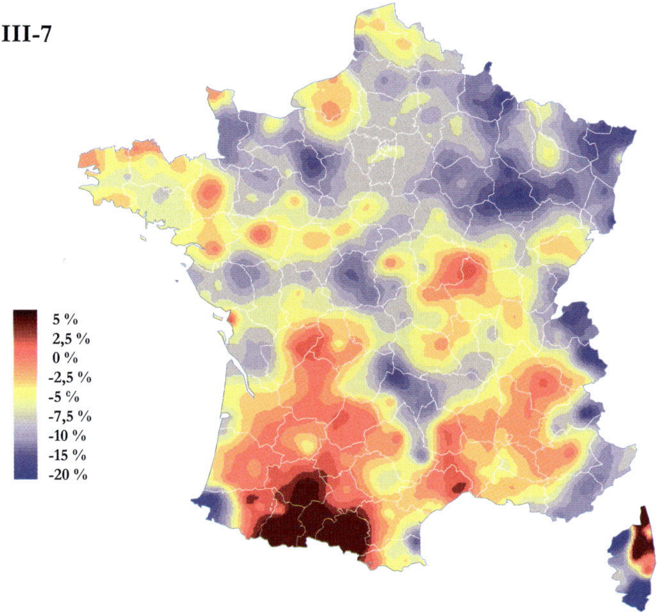

III-8

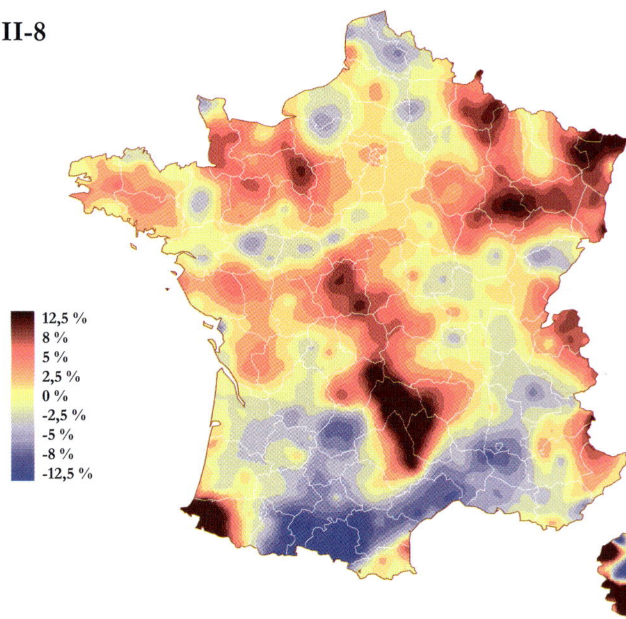

Évolution du pourcentage des voix de gauche (III-7)
et de droite (III-8) entre l'élection présidentielle de 2012
et les élections départementales de 2015

III-9

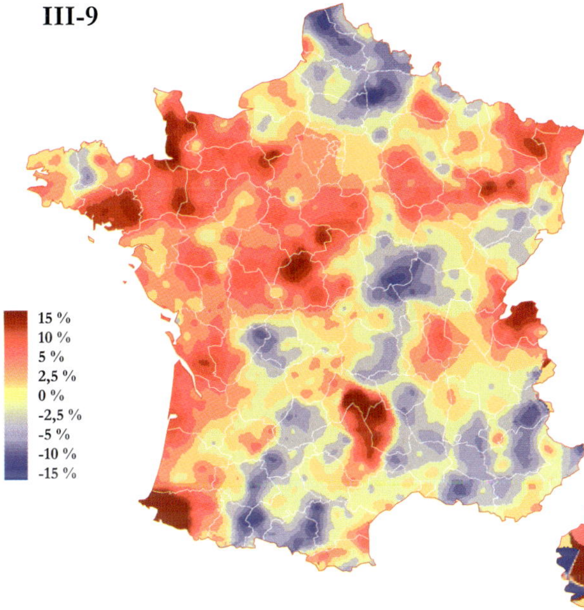

III-10

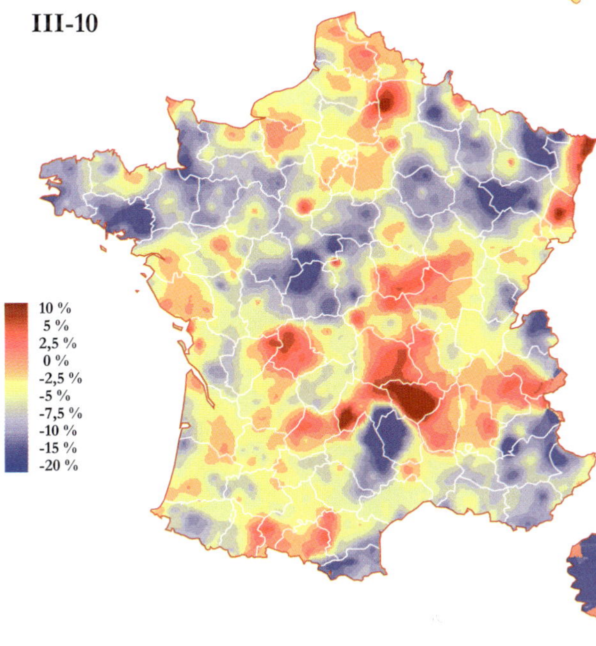

Évolution du pourcentage des voix de gauche (III-9)
et de droite (III-10) entre les élections départementales de 2015
et les élections régionales de 2015

Juppé en Aquitaine ne paraissent avoir influencé leur environnement immédiat.

A fortiori, les évolutions générales décrites plus haut ne s'expliquent pas par ces cas particuliers. L'influence des candidats les plus connus s'arrête aux frontières de leur département et n'est pas perceptible aux frontières des régions, ce qui sera le cas avec les candidats du FN. Un prétendu effet Le Drian se prolonge sans raison en Normandie et en Mayenne. L'effet Wauquiez n'atteint pas la rive gauche du Rhône où la droite enregistre des pertes sévères, en Savoie par exemple.

La poussée du FN (2012-mars 2015)

Alors que deux périodes suffisent à caractériser l'évolution de la gauche et de la droite, le parcours du FN demande un découpage plus fin, pour mieux en montrer les ressorts. Les cartes 11 à 14 décrivent élection après élection ses gains et ses pertes. De l'élection présidentielle de 2012 à l'élection européenne de 2014, la progression globale de 7 % se répartit très différemment sur le territoire. Cette fois, l'influence de Marine Le Pen à la tête de la circonscription nord-ouest saute aux yeux : les dix départements de cette région sont ceux où le score du FN a le plus augmenté.

Par comparaison avec l'élection départementale suivante, on peut estimer à 3 % le surplus de suffrages attirés par sa personne. En dehors de la région nord-ouest, la croissance du FN est plus forte là où ses scores étaient déjà élevés : les départements méditerranéens, la vallée de la Garonne, un vaste espace couvrant le Bassin parisien et l'Est. En revanche, les régions de tradition catholique, bastions de la droite, n'apportent qu'un faible surplus de voix au Front : Alsace, Pays basque, grand Ouest, sud du Massif central. Les grandes villes aussi sont plus rétives, car le thème de la politique agricole de l'UE ne les concernait guère, comme on l'a vu au chapitre précédent. En gros donc, à l'instar de la droite et de la gauche retranchées dans leurs bastions, le FN s'est développé sur les bases datant de sa première apparition en force lors des élections européennes de 1984.

Une année sépare les élections européennes des élections départementales. Durant cette courte période, bien que son score global reste inchangé, le vote FN se transforme (carte 12[1]). Les voix attirées par la candidature européenne de Marine Le Pen font maintenant défaut dans la région nord-ouest. L'écart entre les scores des villes et des espaces ruraux, que la question agricole européenne avait accru, se resserre.

Apparaît alors une évolution assez remarquable qui apporte d'intéressantes indications sur la dynamique du FN : ses scores s'accroissent dans les zones de grande circulation et diminuent dans de vastes territoires à l'écart, en particulier les montagnes du Centre, des Alpes, des Vosges et du Jura, ces territoires périphériques où le FN était censé faire un tabac. On suit les progrès du FN le long de la Saône, du Rhône, de la Loire, de la Meuse, du Rhin et sur les côtes méditerranéennes et atlantiques. En Bretagne même, il améliore son score sur les rivages plus qu'à l'intérieur. Dès 1984, les zones de grande circulation étaient sensibles au Front.

La raison n'en est pas évidente, mais peut être recherchée dans les particularités de ces zones : les contacts épisodiques avec des inconnus y sont plus fréquents, les rumeurs y circulent plus facilement, le brassage de la population y est plus développé. Il existe une relation profonde entre le thème général de la communication

1. La comparaison n'est pas immédiate, car le FN n'était pas présent dans quelques cantons aux élections départementales. Exclure ces cantons de la comparaison était inexact car, en général, le FN y était peu implanté. On a donc calculé une régression du vote FN de 2015 sur celui des élections européennes de 2014 qui a donné la formule : vote 2015 = 0,852 × vote 2014 + 3,97 (la corrélation entre les deux votes vaut r = 0,857). Connaissant le vote aux élections européennes des cantons sans candidat FN en 2015, on a calculé quel aurait été ce vote en appliquant la formule ci-dessus.

III-11

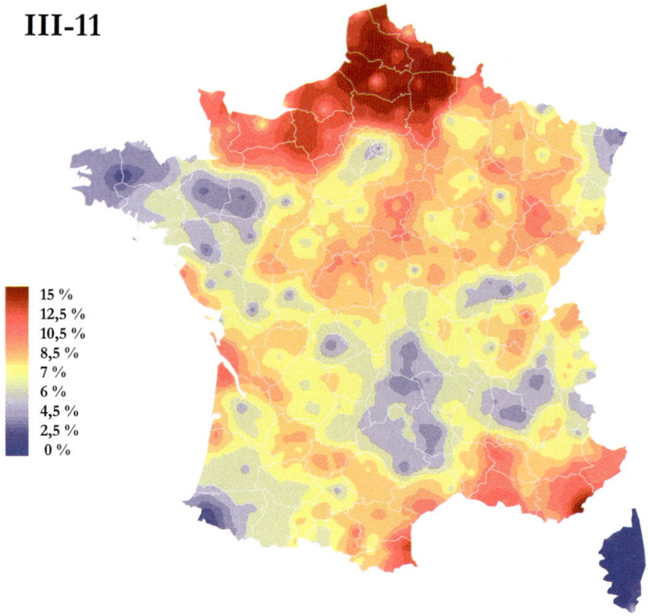

III-12

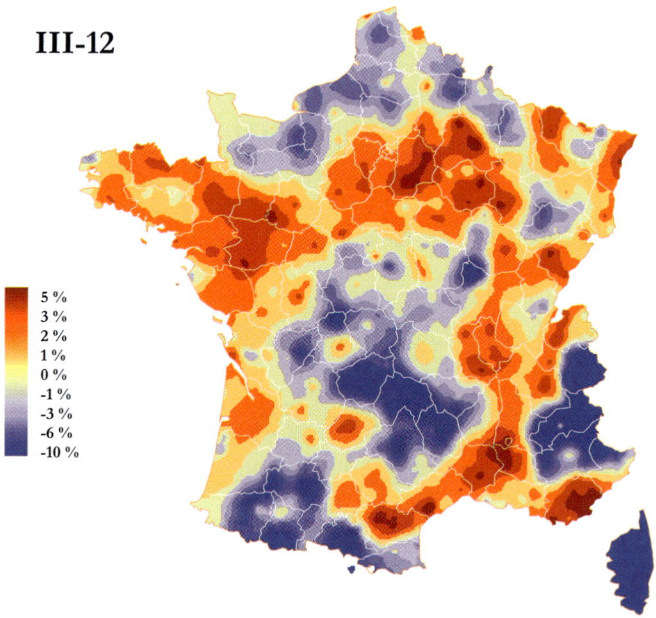

Évolution du pourcentage des voix du FN entre l'élection présidentielle de 2012 et les élections européennes de 2014 (III-11) et entre les élections européennes et les élections départementales de 2015 (III-12)

III-13

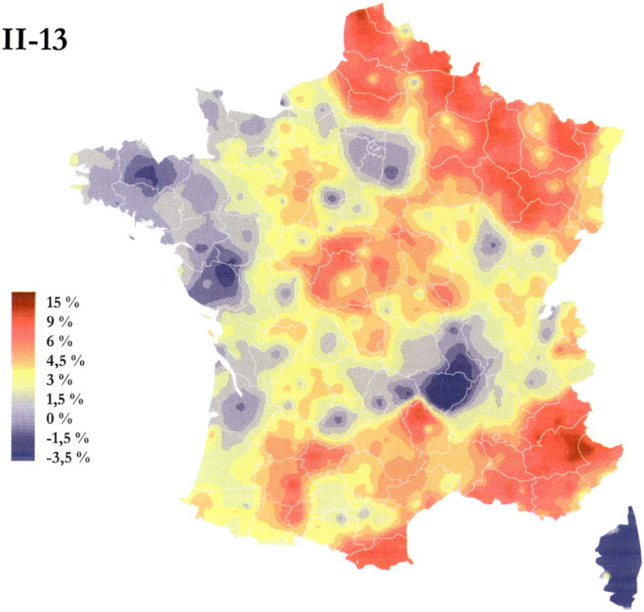

III-14

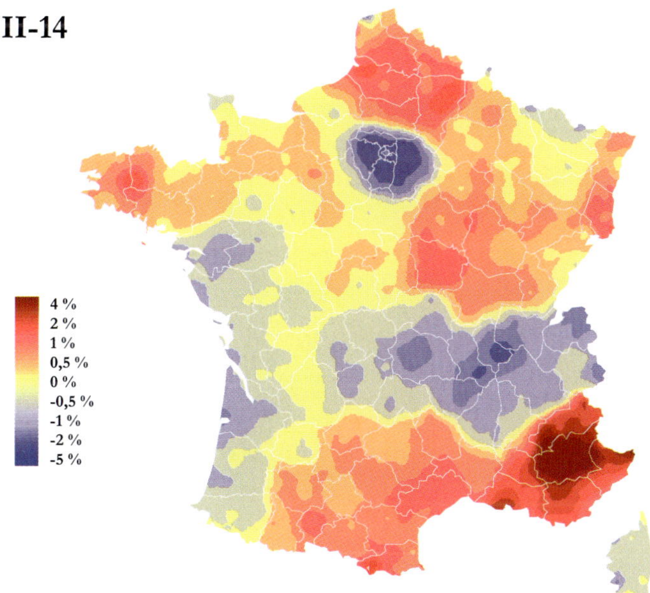

Évolution du pourcentage des voix du FN entre les élections départementales de 2015 et régionales de 2015 (III-13) et entre les deux tours des élections régionales de 2015 (III-14)

et l'adhésion au FN : les grands axes de communication ou de circulation opposent leur mobilité à l'enracinement, l'un des thèmes emblématiques du FN. La communication, comme série de slogans ou de corrélations pris pour des causalités, s'oppose à la cohérence et à la recherche des véritables relations entre les faits. Le programme du FN, particulièrement son versant économique, a cette même caractéristique d'accumulation de slogans sans cohérence d'ensemble.

Dédiabolisation : mars-décembre 2015

Après les élections départementales, la progression du FN, de 2,7 % globalement, prend une nouvelle tournure. Ce sont les régions où le FN était déjà le mieux implanté qui enregistrent les plus grands progrès en pourcentage des suffrages exprimés (carte 13). L'impact des personnalités de droite est visible, mais très limité : Retailleau dans l'est de la Vendée, Bertrand à Saint-Quentin, Wauquiez en Haute-Loire, Le Fur autour de Saint-Brieuc. Une autre manière d'illustrer les progrès du FN consiste à comparer son gain entre mars et décembre 2015 à son niveau en mars (figure 5).

Le comportement des 12 régions (la Corse est soumise à un régime différent temporairement) est remarquablement régulier, presque mathématique[1]. En tête, les deux femmes de la famille Le Pen, pratiquement à égalité, puis la grande région Est, Alsace-Loraine-Champagne, où Florian Philippot, le secrétaire général du Front national, menait la liste, ensuite le Languedoc-Midi-Pyrénées où Louis Aliot, compagnon de Marine Le Pen, conduisait

1. La corrélation entre les gains du FN et le score du FN en mars 2015 est de 0,902, ce qui est très élevé et significatif, même avec un si petit nombre d'observations.

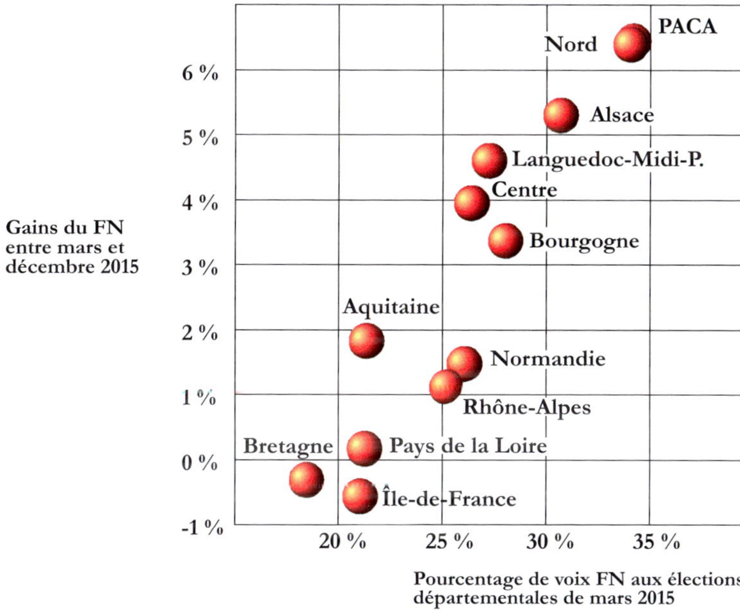

Figure III-5
Gains (en %) du FN entre les élections départementales de mars 2015 et les élections régionales de décembre 2015

la liste FN. En queue de peloton, l'Île-de-France, la Bretagne et les Pays de la Loire, dans lesquels le vote FN n'a pratiquement pas bougé depuis les élections départementales.

Entre les deux extrémités, les autres régions se répartissent assez régulièrement. Le Languedoc-Midi-Pyrénées accuse un petit supplément de vote FN par rapport à la tendance générale, sans qu'il soit possible d'en déterminer la cause exacte. Ce peut être dû aux pertes consistantes de la droite où Dominique Reynié a éprouvé quelque difficulté à s'imposer, ou à la relative transparence de la candidate socialiste Carole Delga. Mais des forces plus profondes sont aussi à l'œuvre, qui entraînent progressivement une partie du Midi vers les hauts scores FN de la région méditerranéenne. Certains leaders de droite ont voulu tirer argument de ces résultats pour départager les tenants de la droitisation de ceux du centre. Rien ne permet de l'affirmer au vu du graphique. Certes, dans la région de Laurent Wauquiez, partisan de la ligne dure, le vote en faveur du FN a été contenu. Mais cela est pareil pour le centriste Hervé Morin en Normandie. De même, rien ne distingue Estrosi de Bertrand à cet égard. C'est le FN qui a mené la danse et non telle ou telle faction de la droite.

Comment expliquer que le vote FN ait progressé en proportion de son importance aux précédentes élections ? On a frôlé une première raison en énonçant les têtes de liste des régions où les gains ont été les plus importants. Mais il y a un risque d'explication circulaire : ces dirigeants ont choisi précisément les régions dans lesquelles ils avaient les meilleures chances. Si leur rôle avait été décisif, on ne s'expliquerait pas pourquoi les huit régions restantes suivent la même relation de proportionnalité que les quatre premières.

Pour mieux comprendre la situation, il faut plutôt partir d'une observation souvent faite durant la campagne des régionales : les électeurs et les partisans du FN ont perdu tout complexe et affichent ouvertement leur préférence. Jusqu'alors, sans doute à cause du caractère sulfureux de Jean-Marie Le Pen et de ses déclarations, les électeurs du FN ne s'affichaient guère. Ayant atteint une masse critique et dédouanés des sorties du père fondateur par les déclarations « dédiabolisantes » de la fille, ils n'ont plus ces scrupules. En devenant visibles, ils sont susceptibles d'entraîner des proches ou des voisins et de faire boule de neige. Si ce mécanisme ne s'enraye pas ou n'est pas enrayé, le FN a de beaux jours devant lui. Mais il se peut aussi que le plein ait été fait lors de cette apparition au grand jour, ou que la fille reprenne le visage de son père.

Entre les deux tours

Jusqu'ici, il n'a été question que de premiers tours, car ils photographient l'opinion. Mais il y a un second tour dont seul le résultat fixe le gagnant et les perdants. L'opinion ne change pas dans ses profondeurs en si peu de temps, mais elle vote en fonction du résultat à atteindre. Elle tend donc à délaisser les candidats qui ont peu de chances, préférant un geste utile à une fidélité abstraite.

Puisque les candidats FN étaient présents au second tour dans toutes les régions, il est possible de vérifier (carte 14) le résultat de ces calculs et de ces anticipations du second tour. En gros, les progrès du FN entre les deux tours sont d'autant plus conséquents que son score était élevé au premier tour. La carte reproduit donc à peu de chose près les zones de force du Front. Pour la première fois, cependant, les limites des régions sont très visibles, attestant l'alignement des électeurs en fonction des résultats obtenus au premier tour. Ainsi, la limite entre Auvergne-Rhône-Alpes et, d'une part, PACA, d'autre part, la Bourgogne-Franche-Comté, est-elle très marquée. Dans la première région, comme le duel se circonscrivait entre la droite et la gauche, certains électeurs FN sont venus au secours de Wauquiez, ce qu'ils n'ont pas fait dans les deux autres régions où le FN avait une probabilité de gagner, étant aussi arrivé en tête au premier tour. Même schéma pour l'Île-de-France, pour l'Aquitaine et pour les Pays de la Loire où, chaque fois, le FN régresse. Si l'on représente (figure 6) la différence des scores du FN entre le premier et le second tour en fonction du score du premier tour, comme on l'a fait sur la figure 5, on observe une régularité tout aussi remarquable.

Pour 11 des 12 régions, la différence des scores varie en proportion du score au premier tour. Plus le score du FN était élevé au premier tour, plus il a progressé au second. Le point d'équilibre entre gain et perte est à peu près d'un tiers des voix au premier tour, ce qui est assez logique : celui qui fait plus du tiers l'emporte

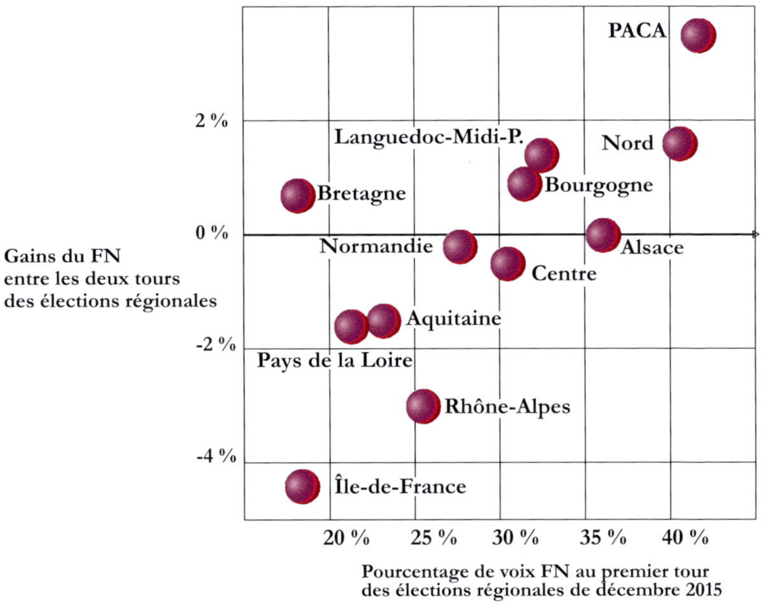

Figure III-6
Gains (en %) du FN entre les deux tours
des élections régionales de décembre 2015

si ses deux concurrents sont à égalité. Celui qui fait moins d'un tiers est certain de perdre. Telle est la loi simple du tripartisme[1]. Un cas cependant se distingue de la règle générale qui vient d'être mise en évidence, celui de la Bretagne : le renforcement du vote FN au second tour n'est pas négligeable alors qu'au contraire, si la relation générale était vérifiée, il devrait perdre du terrain au

1. La pente des deux graphiques est presque identique. Cela peut signifier que, dans les deux cas, l'effet d'entraînement ou de contagion locale est le même, mais laisse en suspens l'explication de ce qui n'est peut-être qu'une coïncidence.

vu de son faible score du premier tour. Il se peut que le FN ait récupéré une part des votes autonomistes des Bonnets rouges de la liste Troadec.

Régionalistes

Les gains du FN en Bretagne entre les deux tours des élections régionales de 2015 ont la même distribution que les votes pour la liste dirigée par Christian Troadec, le leader des Bonnets rouges au premier tour (carte 15). Mais les gains de la liste de gauche conduite par Le Drian ont aussi la même distribution géographique, ainsi que ceux de la liste de droite de Le Fur. Les voix qui s'étaient portées sur la liste Troadec se sont donc dispersées entre les trois listes présentes au second tour. Dans quelles proportions ?

On peut les estimer approximativement en comparant le gain de chaque tendance entre les deux tours dans les communes où la liste Troadec avait obtenu une proportion importante des suffrages et dans celles où elle n'avait pas eu de succès. La différence des reports dans les deux types de communes peut être imputée au report des électeurs de la liste Troadec. En ramenant la somme de ces différences au score de la liste Troadec au premier tour, on obtient la répartition des reports par tendance. Le calcul a été effectué pour trois valeurs du seuil minimal choisi, « S » pour classer les communes dans le groupe des forts scores de la liste Troadec, 20 % des suffrages exprimés, 10 % et 5 % (tableau 8).

Le résultat est stable quand le seuil parcourt le spectre des pourcentages observés pour la liste de Troadec. On peut donc retenir que 16 % des voix de Troadec se sont reportées sur la liste du FN, soit 1,1 %. Ceci ne suffit pas à ce que la Bretagne rejoigne la tendance générale des gains ou pertes du FN entre les deux tours (figure 6). Il est donc vraisemblable que les électeurs du FN au premier tour, considérant que la droite n'avait aucune chance au second tour, ne lui ont pas apporté leurs voix. Mais ils auraient aussi pu s'abstenir. Invoquer le sursaut de mobilisation des électeurs au second tour n'est guère probant car il se réduit à un modeste 0,8 % alors que Troadec avait récolté 6,7 % des suffrages au premier tour.

TABLEAU 8
Gains enregistrés par les trois tendances au second tour
de l'élection régionale de 2015
selon le niveau atteint par la liste des Bonnets rouges
(en pourcentage des voix de la liste Troadec)

scores minimums « S » de la liste Troadec au premier tour des élections régionales	gains de la gauche	gains de la droite	gains du FN
supérieurs à 20 %	58 %	25 %	17 %
supérieurs à 10 %	62 %	23 %	15 %
supérieurs à 5 %	57 %	27 %	16 %

Le fait que la droite recueille au second tour environ le quart des voix de la liste Troadec n'est pas étonnant si l'on se penche sur l'origine des électeurs de cette liste. La carte 16 représente l'implantation du Parti communiste en Bretagne au niveau communal à l'élection présidentielle de 1995, juste avant sa quasi-disparition du paysage électoral. La répartition des voix obtenues par Robert Hue est proche de celles de Troadec à deux différences près : à l'ouest, le vote PC avait peu de succès en Cornouaille et aucun dans le pays de Léon très catholique. En revanche, il débordait assez largement sur les Côtes-d'Armor, au-delà de la frontière linguistique entre le pays gallo et le pays bretonnant. On a là un modèle intéressant de transition politique. Le noyau communiste, aux racines anciennes (les prêtres de cette région du Huelgoat avaient prêté serment à la Révolution en 1791), est la matrice du mouvement des Bonnets rouges. Comme la religion n'est plus un obstacle, il s'étend à l'ouest. Mais son caractère bretonnant lui bloque l'accès à l'est en dehors du domaine linguistique de la langue bretonne.

III-15

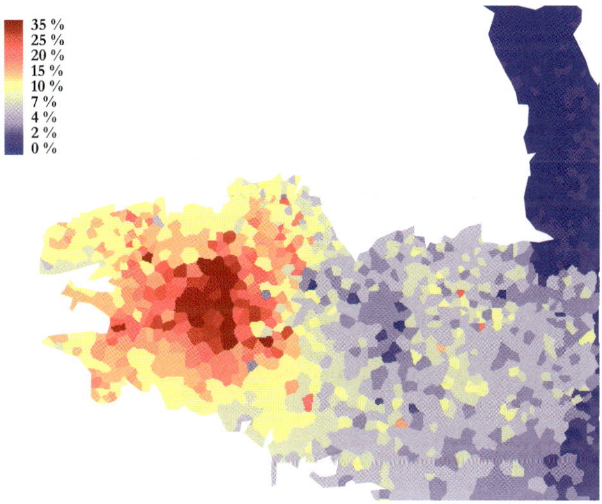

Pourcentage de voix obtenues par la liste régionaliste Troadec
aux élections régionales de 2015

III-16

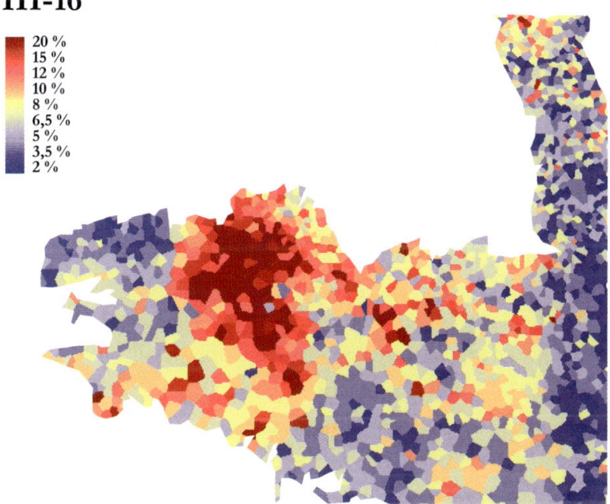

Pourcentage de voix obtenues par le candidat du PC,
Robert Hue, au premier tour de l'élection présidentielle de 1995

Il est aussi significatif qu'une partie même mineure de ce vote rejoigne le FN au second tour. Les Bonnets rouges jouent ainsi le rôle d'une passerelle vers le FN. Ce n'est pas un cas unique. En 2005, le mouvement des chasseurs et des pêcheurs (CPNT) dans la baie de la Somme avait rempli la même fonction. Dans une certaine mesure, c'est aussi le destin final d'une partie du vote communiste. Alors qu'initialement la géographie du PC et celle du FN étaient indépendantes, les deux sont en train de converger l'une vers l'autre. La répartition des gains récents du FN (carte 13) est d'ailleurs devenue assez proche de celle du PC à l'époque où il recueillait 20 à 30 % des suffrages : le chapeau nord, le centre de la Saône-et-Loire à la Dordogne et les départements méditerranéens. Il est faux de ramener le FN à un parti protestataire, mais il trouve son origine dans diverses formes de protestation qui ont avorté politiquement. Il vaudrait mieux le qualifier de parti récupérateur.

Duels et triangulaires

Entre les deux tours, les électeurs du FN adoptent un comportement assez logique. Si leur liste garde une chance de figurer en tête du second tour, ils continuent de voter pour elle. Si la liste de droite a quelque chance de l'emporter, une partie d'entre eux s'y rallie, d'autant plus que l'écart avec la gauche est plus faible. On constate effectivement que l'écart entre la gauche et la droite diminue, voire s'inverse, d'autant plus que les deux tendances ont obtenu un score voisin au premier tour.

Quand on représente le gain de la droite entre les deux tours en fonction de l'écart entre elle et la gauche au premier tour, on obtient à nouveau une relation régulière (figure 7). Si l'écart était resté constant, les points auraient dû se situer sur la ligne rouge. Plus ils se situent au-dessous de cette ligne, plus la droite a progressé par rapport à la gauche entre les deux tours. Lorsque la gauche a une forte avance, comme en Languedoc-Midi-Pyrénées

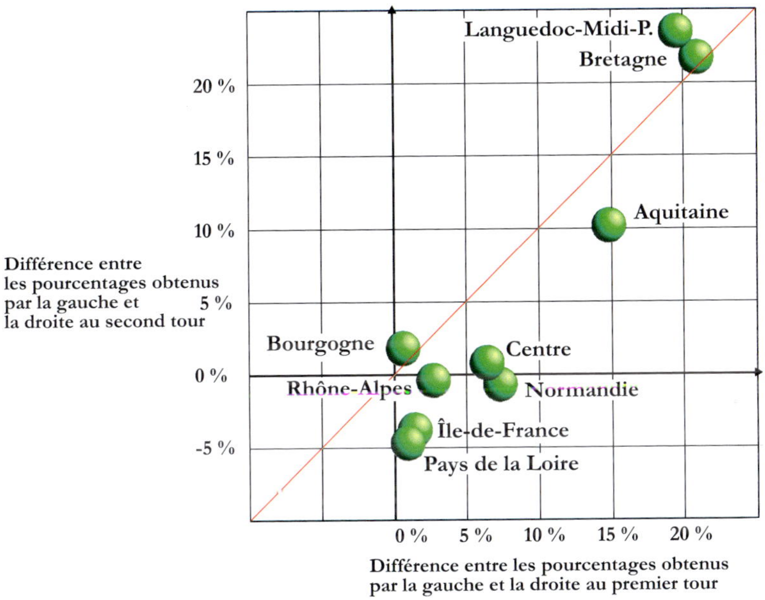

Figure III-7
Différence entre les pourcentages de voix de la gauche et de la droite au premier et au second tour des élections régionales de décembre 2015

ou en Bretagne, les électeurs du FN ne vont pas au secours de la droite dont la cause leur semble perdue. L'écart entre la gauche et la droite se maintient. Mais quand les scores de la droite et de la gauche sont assez proches au premier tour, on voit que l'écart se réduit sensiblement jusqu'à permettre à la droite de doubler la gauche, ce qui a été le cas en Normandie, en Auvergne-Rhône-Alpes, dans les Pays de la Loire et en Île-de-France. La Bourgogne-Franche-Comté, seule exception à la règle générale, s'explique par la même raison que la règle elle-même : contrairement aux cinq cas précédents, le FN y était arrivé en tête et pouvait espérer l'emporter au second tour plutôt que de miser sur la droite comme dans les quatre cas cités où il n'avait quasiment aucune chance de repasser en tête.

Les déterminants du passage entre le premier et le second tour n'ont donc pas grand-chose en commun avec les déterminants du premier tour. Les premiers sont d'ordre tactique, tandis que les seconds sont d'ordre socio-culturel. Cela n'a donc guère de sens de spéculer sur les reports entre les deux tours selon la catégorie sociale, l'âge, la religion ou tout autre caractère stable sur le court terme. Cela est aussi vrai dans les deux cas de duels dans le Nord et en PACA. Marine Le Pen progresse peu, tout comme sa nièce, alors que les structures sociales sont très différentes au nord et au sud, au point que l'on parle parfois d'un FN du Nord plus ouvriériste et d'un FN du Sud plus xénophobe et religieux.

La conjonction du tripartisme et des élections à deux tours a quelque chose de délétère pour la démocratie. Les possibilités de report ouvertes par le parti qui est distancé faussent le résultat du premier tour au profit du parti qui occupe le centre, soit en raison d'un front républicain, soit d'une porosité entre la droite et l'extrême droite. Sur 12 régions, on en aperçoit déjà les règles de fonctionnement qu'illustre le dernier graphique, mais les élections départementales où les listes des trois tendances se disputaient la victoire dans 1 995 cantons ouvrent un champ d'analyse et d'expérience beaucoup plus vaste, et donc beaucoup plus précis, des mécanismes qui fabriquent le résultat final entre les deux tours. C'est à eux que sont consacrés les chapitres suivants, après avoir illustré ce que signifie une règle de passage du premier au second tour dans le cas de l'élection présidentielle de 2012.

CHAPITRE 4

Pourquoi deux tours à l'élection présidentielle ?

La répartition géographique des votes en faveur de Hollande au second tour de l'élection présidentielle qui l'opposait à Sarkozy est assez proche de celle de la gauche aux dernières élections départementales, mais 15 points au-dessus. Au premier tour, en métropole, Hollande avait obtenu 27,7 % des suffrages et Sarkozy, 26,6 %. Les reports paraissaient devoir jouer un rôle essentiel dans le classement des candidats au second tour, car la marge qui les séparait était faible. Ramené à un total de 100, Hollande était à 51 et Sarkozy à 49. Or, au second tour, le score de Hollande a été de 51,3 % et celui de Sarkozy de 48,7 %. Leur rapport de force du premier tour a été reconduit presque exactement au second tour : 51,3 % contre 51 %, soit une différence de 0,3 % seulement, en plus pour l'un, en moins pour l'autre.

Hollande-Sarkozy : le second tour répète le premier

Il était donc très simple de prévoir le résultat du second tour. Il suffisait de reconduire le rapport de force des deux candidats au premier tour, sans prêter aucune attention aux 46,7 % des suffrages obtenus par les autres candidats. Dit d'une autre manière : les électeurs du second tour qui n'avaient voté au premier tour ni pour Hollande ni pour Sarkozy ont partagé leurs voix entre les deux prétendants, exactement comme ceux qui avaient voté pour l'un ou pour l'autre.

On peut penser à une coïncidence. Elle devient cependant beaucoup plus générale et plus étrange quand on trace les cartes de la proportion de voix de Hollande au premier tour et au second tour dans le total des voix obtenues par les deux candidats (et eux seuls au premier tour). Les deux cartes sont indiscernables[1]. On peut aussi le vérifier arithmétiquement en comparant les pourcentages observés non plus au niveau national mais dans chaque département. Alors que le score de Hollande varie de 34 % à 66 %, l'écart moyen entre les pourcentages qu'il obtient au premier tour et au second tour face à Sarkozy est de 1 % seulement[2]. Les écarts les plus importants atteignent seulement +3,6 % à Paris, +3,2 % pour les Hauts-de-Seine, -2,3 % pour les Ardennes et pour l'Aude.

Sur la figure 8, on a croisé le pourcentage de voix obtenues au premier tour par Hollande par rapport à la somme des voix de Hollande et Sarkozy (horizontalement) et le pourcentage obtenu par Hollande au second tour (verticalement). La ligne rouge qui passe au milieu du nuage de points correspond à l'égalité des deux pourcentages. On constate que les 95 points représentant les 95 départements sont étroitement groupés à son voisinage

1. Elles figurent p. 256 du *Mystère français*, *op. cit.*
2. L'écart type de l'écart vaut 1,2 %.

bien que le nuage s'étende de 34 à 66 %, comme on l'a vu. Les positions extrêmes de Paris et des Hauts-de-Seine (le 92) sont aussi indiquées : les exceptions à la régularité viennent de départements exceptionnels.

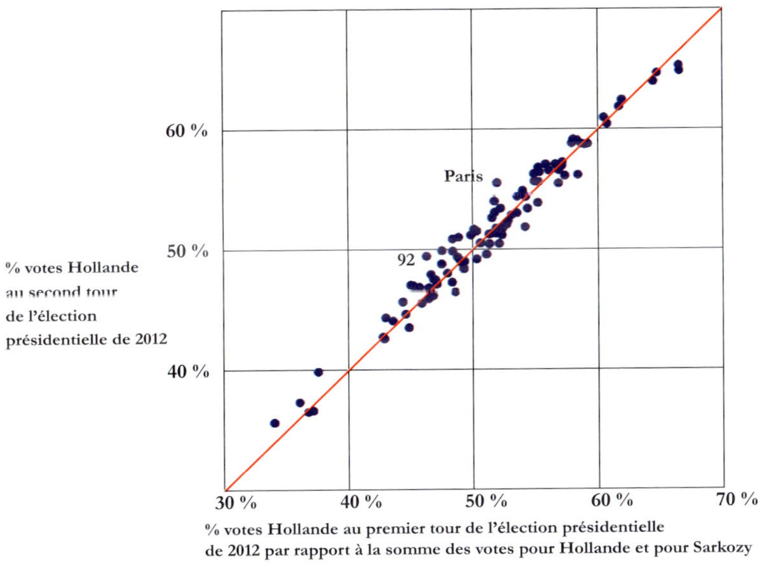

Figure IV-8
Pourcentages de votes pour Hollande au second tour de l'élection présidentielle en fonction du rapport de force entre Hollande et Sarkozy au premier tour (par département)

Il est impossible de savoir par quel secret mécanisme les reports des partisans des autres candidats et le va-et-vient entre les abstentionnistes et les votants ont abouti à ce résultat extraordinairement précis, où ils se compensent les uns les autres pour reproduire avec exactitude le duel du premier tour. La corrélation entre la série des scores au premier tour et celles du second tour est de 0,983, une valeur qu'on ne rencontre pratiquement jamais avec des données politiques.

Une règle de l'élection présidentielle

Ces constats convergents conduisent à postuler la règle suivante : le rapport de force établi par les candidats au premier tour se maintient au second tour. La règle ne dépend pas de la situation géographique ou de la composition sociale des départements. Elle est suivie dans tous les cas à une petite incertitude près. Parler de règle dans cette circonstance est toutefois un peu rapide. Rien ne prouve qu'elle soit suffisamment générale pour être suivie dans d'autres élections. Pour le savoir, le seul moyen est de se pencher sur d'autres élections présidentielles.

La précédente en 2007 opposait Ségolène Royal à Nicolas Sarkozy. On l'a soumise aux mêmes vérifications. Comme en 2012, le rapport du nombre de voix obtenues par Ségolène Royal à celles obtenues par Nicolas Sarkozy se maintient du premier tour au second tour avec précision. Comme en 2012, la géographie de ce rapport est identique aux deux tours et les rapports entre les deux candidats restent quasiment les mêmes dans chaque département aux deux tours du scrutin. Cela ne suffit pas à établir la généralité de la règle, mais va dans la bonne direction. Il se peut que la règle dépende de la présence de Sarkozy ou d'un membre de l'ancien couple Hollande dans chacune des deux compétitions, mais on ne voit pas pourquoi. Plus sérieusement, la règle est certainement reliée à un duel entre la droite et la gauche car, *a contrario*, elle n'a pas été suivie en 2002 quand Le Pen était parvenu au second tour : il n'a pas récolté des voix en proportion de celles qu'il avait obtenues par rapport à Chirac au premier tour, mais a fait du surplace.

Il n'est pas question d'aller plus loin, car il ne s'agit pas d'analyser le second tour de l'élection présidentielle de 2012 ni le passage du premier au second tour dans les élections présidentielles, mais de donner un exemple de ce qu'est une règle. On voit que c'est une relation valable indépendamment du lieu et si possible du temps. Par la suite, on ne pourra pas vérifier l'indépendance temporelle dans le cas des élections départementales, parce qu'elles se déroulent pour la première fois sous cette forme, mais on recherchera l'indépendance du lieu. Plus exactement, on postulera cette indépendance et on testera si elle est vérifiée. Sans cela, aucune prospective sérieuse ne pourra être effectuée du premier tour vers le second.

Avec leur cohorte de triangulaires, de duels et de candidats restés seuls, le passage entre les deux tours des élections départementales est bien plus compliqué que celui de l'élection présidentielle. On va cependant mettre en évidence des règles indépendantes des lieux faute de l'être du temps. On pourra les étendre à des élections dans des circonscriptions plus larges, les élections régionales, européennes, législatives et présidentielles tandis que l'inverse n'est pas possible : la règle qui vient d'être mise en évidence pour les élections présidentielles ne peut pas être transposée dans des circonscriptions plus petites que la nation entière, en particulier parce qu'elle ne dit rien sur les différentes catégories de duels ni sur les triangulaires constitutionnellement exclues du second tour de ladite élection.

CHAPITRE 5

Triangulaires

Pour le second tour des élections départementales, on attendait, d'une part, une progression du FN sous prétexte que son électorat était plus mobilisé et, d'autre part, une désaffection de ceux des électeurs de gauche dont la tendance précise – communiste, Front de gauche, radicale, socialiste – n'était pas représentée au second tour, donc une légère augmentation de l'abstention dans les zones de gauche et une baisse dans celles où le FN était bien implanté.

Rien de cela n'a eu lieu, car il n'y avait pas un seul second tour, mais au moins quatre, fort différents : triangulaires, duels gauche-FN, gauche-droite et droite-FN. À chacun son taux d'abstention et sa trajectoire à partir des résultats du premier tour. Pour les examiner, on a groupé les votes de chacun des deux tours en trois tendances, gauche, droite et FN (en assimilant à la droite les 1,3 % de divers du premier tour)[1]. À la veille du second tour, un sondage de l'IFOP donnait des intentions de vote très proches des résultats du premier tour avec 35 % pour la gauche, 37 % pour la droite et 27 % pour le FN. Les résultats en nombre de sièges obtenus au second tour dans les quatre configurations considérées sont très éloignés de ces chiffres : 1 059 cantons pour la droite, 680 pour la

1. Le leader des Bonnets rouges, Troadec, a été rangé avec la gauche et les autonomistes basques à droite.

gauche et 30 pour le FN, soit respectivement : 60 %, 38,5 % et 1,5 %[1]. Comment un décalage aussi important s'est-il produit ?

Stabilité des votes entre les deux tours des départementales

La comparaison des suffrages (en milliers) obtenus par chacun des trois blocs politiques dans les cantons où une triangulaire avait lieu montre une assez grande stabilité du premier tour au second :

	gauche	droite	FN
premier tour	964	835	747
second tour	938	926	696

La gauche perd 26 000 voix, le FN, 51 000 et la droite en gagne 91 000, ce qui a été rendu possible par un surcroît de participation de 13 000 électeurs par rapport au premier tour. Autrement dit, quand toutes les tendances étaient présentes au second tour, la participation n'a pas diminué, ce qui discrédite les comparaisons des taux globaux d'abstention calculés indépendamment de l'offre électorale locale. L'abstention augmente au second tour quand l'une des grandes sensibilités politiques, ici l'un des trois blocs, n'est pas représentée, ce qui semble logique, sinon elle reste à son niveau du premier tour.

Malgré la relative stabilité de l'électorat entre les deux tours, alors qu'à l'issue du premier tour le FN était en tête des trois blocs dans les triangulaires de 29 cantons, il l'emporte seulement dans 5. Cet échec est en partie causé par des désistements implicites ou explicites à droite et à gauche quand le FN paraissait en mesure

1. On ne prend en compte que les cantons métropolitains.

de conquérir le canton. Pour bien saisir la mécanique d'ensemble, il faut partir des 287 cantons où des triangulaires ont eu lieu et dans lesquelles les trois blocs figuraient à l'issue du premier tour[1] et suivre leur déroulement au second tour en fonction du rapport de force établi par le premier tour, non pas entre les trois paires arrivées en tête, mais entre les trois blocs. Autrement dit, si un candidat du Front de gauche était dans le trio, ne pas considérer le nombre de ses suffrages au premier tour mais celui de toute la gauche au premier tour. Idem pour un UDI ou un UMP avec toutes les voix de droite.

Configurations partisanes du premier au second tour

La figure 9 sépare les triangulaires possibles à l'issue du premier tour en 6 groupes selon l'ordre du nombre de suffrages obtenus par chaque bloc. Ainsi, GFD signifie que les suffrages de la gauche (G) ont été les plus nombreux au premier tour, puis ceux du Front national (F) et enfin ceux de la droite (D), les moins nombreux. Du fait des désistements, certaines de ces triangulaires se sont transformées en duels qui sont indiqués par leur résultat au second tour (ainsi DG signifie que la liste de droite est arrivée devant la liste de gauche dans un duel droite-gauche). Les mêmes abréviations sont aussi utilisées pour indiquer l'ordre dans lequel les trois blocs sont arrivés au second tour. Les flèches indiquent les changements dans l'ordre des blocs entre les deux tours, ou bien le passage d'une triangulaire à un duel par retrait du candidat de l'un des trois blocs. Les chiffres au centre des flèches correspondent au nombre de cantons concernés.

1. Dans un seul canton, le 2e de la Haute-Vienne, 4 candidats avaient atteint le quorum pour figurer au second tour, dans l'ordre, gauche, FN, droite et gauche. Les deux candidats de gauche ont fusionné, ce qui ramène le traitement de ce canton à celui d'une triangulaire.

Ainsi, 3 des 14 triangulaires où le FN était en tête et la gauche en queue au premier tour (FDG) ont mis en tête la droite au second tour et laissé la gauche en queue (DFG), privant au profit de la droite le FN d'une victoire escomptée. À l'intérieur des cercles figurant les triangulaires de départ et d'arrivée, est inscrit le nombre de cantons pour lesquels le classement est resté le même aux deux tours. Cette figure est un brin complexe parce que la mécanique du passage entre le premier et le second tour est elle-même complexe. Mais c'est le seul moyen de mettre au jour les raisons pour lesquelles les sièges se sont distribués au second tour assez différemment de ce que le premier tour laissait entrevoir et de ce que la stabilité des votes pour les trois blocs entre les deux tours laissait augurer.

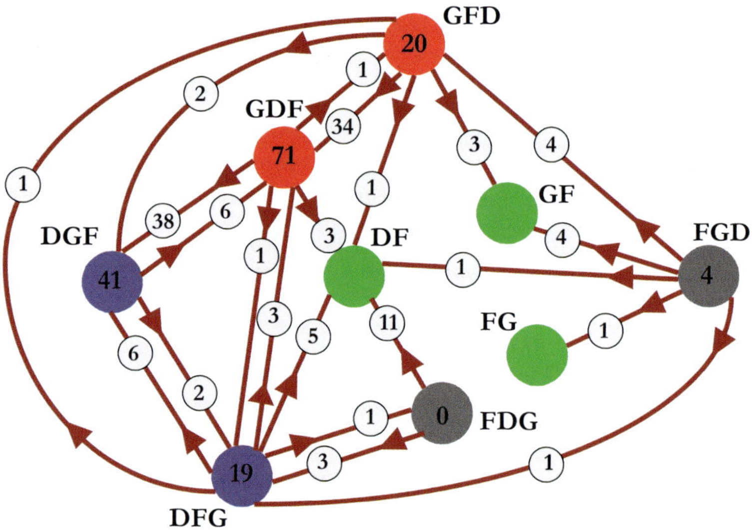

Figure V-9
Passage des configurations à l'issue du premier tour des élections départementales de 2015 aux configurations à l'issue du second tour.
Les nombres de cantons concernés sont indiqués sur les flèches (ou sur les cercles colorés si la configuration est la même aux deux tours).
DGF signifie droite en tête suivie de la gauche, FN en queue.

On constate d'abord l'efficacité des désistements ou des retraits, donc des passages d'une triangulaire à un duel : la droite écarte le FN dans les 16 cantons où la gauche s'est effacée, alors que le FN était en tête dans 11 d'entre eux. Le résultat des retraits des candidats de la droite est presque aussi efficace, puisque le FN n'enlève qu'un canton sur les 8 duels, alors qu'il était en tête dans 4 cas. 9 autres désistements de la gauche se sont produits, bien que le FN ne soit pas arrivé en tête. Ils ont tous conduit à une victoire de la droite. *A contrario*, dans le seul cas où la gauche en troisième position par rapport aux deux autres blocs ne s'est pas désistée, le FN a conservé la tête du classement et donc gagné le canton. De même, dans les 9 cas où la droite ne s'est pas désistée, bien qu'arrivée dernière au premier tour, le FN a raflé 4 cantons.

Le désistement donne raison au FN quand il vitupère contre « l'UMPS », mais il lui inflige une raclée dans les urnes, car il est visiblement dans l'intérêt des deux blocs dominants, et plus particulièrement de la droite, qui récupère ainsi 16 cantons dans lesquels le bloc de droite n'était pas en tête au premier tour, alors que la gauche n'en récupère que 4, malgré ce qu'on peut qualifier comme son plus grand dévouement à la cause du front républicain.

On constate aussi sur la figure que les renversements entre la gauche et la droite sont assez importants, malgré la relative stabilité des voix de chaque bloc entre les deux tours. Quand le bloc de gauche était arrivé en tête des suffrages au premier tour, il régresse un peu dans les triangulaires du second tour, passant de 682 000 à 656 000 suffrages. En entrant dans le détail des 174 cantons concernés, on s'aperçoit que le recul concerne surtout les départements où la gauche n'avait plus d'espoir d'obtenir la majorité des élus dans le département et craignait qu'un FN aux scores élevés ne s'en empare. Le département du Nord en donne un bon exemple. En quelque sorte, les électeurs de gauche ont joué le front républicain malgré la présence d'un candidat de gauche. Au contraire, quand la droite était faible et le FN fort comme dans les Pyrénées-Orientales, les voix de gauche ont légèrement augmenté au second tour. Cette stratégie républicaine implicite, si elle a évité de perdre quelques cantons au profit du FN, n'a pas empêché la droite de doubler la gauche dans 42 cantons, ses suffrages passant de 495 000 à 566 000.

Les stratégies locales qui viennent d'être décrites dans le cas des Pyrénées-Orientales et du Nord n'expliquent pas de tels décalages. Deux phénomènes plus généraux ont concouru au recul des voix de gauche et à l'avancée des voix de droite entre les deux tours : la division de la gauche et le report des électeurs du FN.

À première vue, si l'on tient compte des effectifs potentiels d'électeurs communistes, socialistes, écologistes et du Front de gauche, la diminution des votes de gauche de 5 % seulement signifie que les reports entre les diverses composantes de la gauche ont plutôt bien fonctionné. L'unité et même l'existence d'un électorat de gauche – « tout court », peut-on dire – contraste avec la division des appareils partisans. Ramenés en pourcentage des suffrages exprimés, ces 5 % descendent à 2 %. Un chiffre minime qui a cependant été souvent fatal à la gauche quand droite et gauche étaient au coude à coude. On peut montrer que la division de la gauche lui a coûté assez cher.

Le coût de la division de la gauche

Pour cela, on a classé les triangulaires où le bloc de gauche était en tête à l'issue du premier tour selon le nombre de paires de gauche candidates au premier tour. Le tableau 9 montre les pourcentages de suffrages obtenus par chacun des trois blocs au premier et au second tour, selon qu'une, deux ou plus de deux listes de gauche s'étaient portées candidates.

Tableau 9
Répartition des votes par couleur politique au premier et au second tour selon le nombre de listes (binômes) de gauche au premier tour quand la gauche était en tête

	premier tour			second tour				
	% gauche	% droite	% FN	% gauche	% droite	% FN	élus de gauche	élus de droite
1 liste de gauche	38,7	31,6	29,7	40,2	33	26,8	26	3 (10 %)
2 listes de gauche	41,2	30,3	28,5	39,3	34,6	26,1	79	33 (30 %)
3 ou 4 listes de gauche	43,6	29	27,4	39,9	33,8	26,3	21	5 (20 %)

Lorsqu'une seule liste de gauche s'est présentée au premier tour, elle a amélioré légèrement son score au second tour (et son nombre de voix), ce qui l'a mise presque partout hors de portée de la liste de droite du second tour (3 pertes sur 29 cantons, soit 10 %). En revanche, quand deux listes de gauche étaient présentes au premier tour, leur concurrence a nui au bon report de la liste perdante sur la gagnante au second tour. 18 000 voix sur 460 000 ont manqué à l'appel faisant reculer le pourcentage de suffrages de gauche de 41,2 % à 39,3 %.

Dans le même temps, le score de la droite s'est élevé de 30,3 % à 34,6 %. Son retard de 10 % au premier tour a été divisé par deux entre les deux tours si bien qu'elle a pu l'emporter dans 30 % des cantons malgré son handicap initial. Quand plus de deux listes se présentaient, on aurait pu s'attendre à des pertes encore plus lourdes, mais cela n'a pas été le cas parce que les circonscriptions concernées étaient traditionnellement acquises à la gauche.

Malgré un tassement des pourcentages de la gauche de 43,6 % à 39,9 %, plus sévère que lorsque deux listes de gauche étaient en présence, la droite n'a pas pu compenser un handicap initial trop important, puisqu'elle est seulement montée de 29 % à 33,8 %. Le rapprochement des pourcentages des deux blocs au second tour s'est soldé par des pertes moins importantes à gauche (5 cantons sur 26, soit à peu près 20 %) que dans le cas où deux listes de gauche étaient en concurrence au premier tour.

Il n'est pas interdit de penser que la droite a senti qu'elle pouvait tirer parti des divisions de la gauche lorsque cette dernière n'était pas hors d'atteinte et a redoublé d'efforts entre les deux tours pour gagner ces cantons où deux listes de gauche se disputaient les suffrages.

Sur le tableau 9, on voit qu'un faible déplacement de l'écart entre la droite et la gauche s'est traduit par un fort écart en nombre de sièges : dans le cas d'une seule liste de gauche au premier tour, l'écart de 7,2 % des suffrages exprimés en faveur de la gauche ne donne que 10 % des cantons à la droite. Dans le cas de trois listes de gauche ou plus, l'écart de 6,1 % donne 20 % des cantons à la droite, et dans le cas de deux listes de gauche, l'écart de 4,7 % entre gauche et droite donne 30 % de cantons à la droite. La progression rapide des gains de la droite s'explique par la variabilité des gains et des pertes des deux blocs entre les deux tours.

Pour le comprendre, une figure est nécessaire (n° 11). On y a représenté tous les cantons où deux listes de gauche étaient présentes au premier tour de la future triangulaire. Le point correspondant à chaque canton est placé en fonction de l'écart entre suffrages de gauche et de droite au premier tour (en horizontal) et l'écart entre suffrages de gauche et de droite au second tour (en vertical). Puisque seules les triangulaires où la gauche arrivait en tête sont prises ici en compte, les coordonnées horizontales des cantons sont toutes positives. Le nuage de points obtenu a une forme oblongue en raison de la variabilité des écarts d'un tour à l'autre. Si tous les écarts au second tour étaient égaux à ceux du premier tour, tous les points représentant les cantons se disposeraient sur la diagonale qui est représentée par un trait fort.

Mais deux éléments contrarient cette régularité. D'abord, la diminution de l'écart entre gauche et droite fait qu'en moyenne les points sont situés à 6,2 % en dessous de la diagonale. Ensuite la variabilité des situations qui crée une turbulence autour du comportement moyen : dans 31 cantons, l'avance de la gauche sur la droite était inférieure à 6,2 %. Si le recul de la gauche par rapport à la droite avait été partout le même, ils auraient basculé à droite. Du fait de la variabilité des reculs, ce sont en réalité 33 cantons qui ont été perdus par la gauche, certains ayant une avance sur la droite au premier tour supérieure à 6,2 %, tandis que d'autres cantons qui étaient en dessous de ce pourcentage ont pu conserver leur avance même faible.

Les mêmes figures (10 et 12), tracées dans le cas où une seule liste de gauche était en compétition au premier tour et dans le cas où plus de deux listes l'étaient, confirment le diagnostic porté dans le cas de deux listes de gauche concurrentes au premier tour. Dans le cas où plus de deux listes de gauche étaient présentes au premier, en moyenne, les cantons de la figure sont à 8,5 % en dessous de la diagonale, car l'avance importante sur la droite (14,6 %) a fondu au second tour où elle n'est plus que de 6,1 %. Si le recul de 8,5 % de l'écart avait été le même dans tous les cantons, 4 cantons seraient passés à droite. La variabilité des reculs sauve l'un de ces cantons, mais en ajoute 2 dont l'écart gauche-droite était supérieur à 8,5 % au premier tour (8,6 % dans un cas, 11,7 % dans l'autre, donc des valeurs situées dans la zone de turbulences).

Dans le cas d'une liste unique, l'écart entre la gauche et la droite est resté le même lors des deux tours, ce qui se traduit par une proximité des points avec la diagonale. Les trois cas où la droite a devancé la gauche au second tour sont alors dus à la variabilité des situations, mais une faible variabilité, car tous concernent des cantons où l'avance de la gauche sur la droite était inférieure à 2 %. On voit sur la figure que 5 cantons s'écartent nettement du

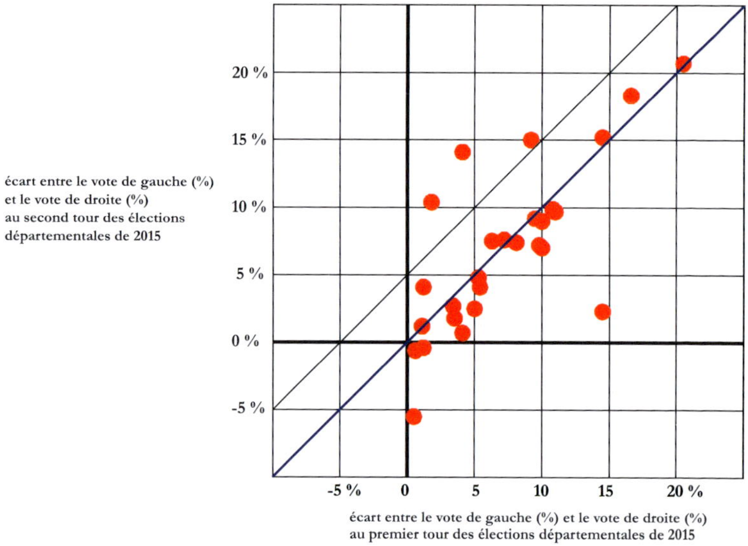

Figure V-10
Une seule liste de gauche au premier tour devance la liste de droite

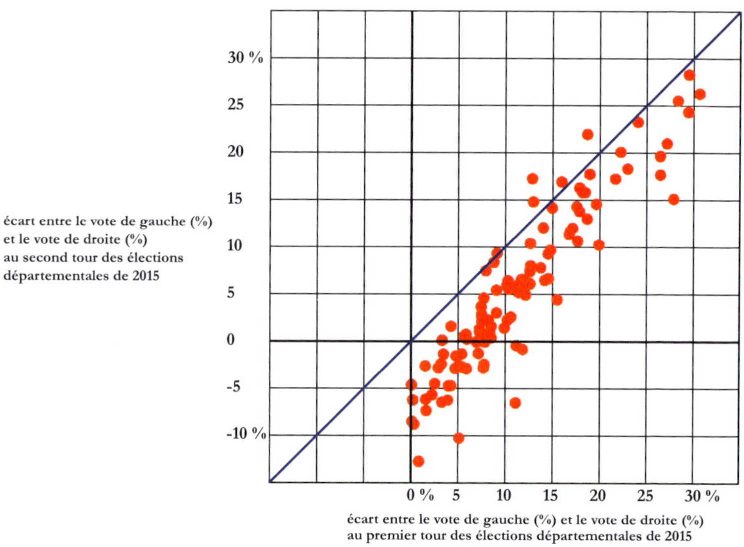

Figure V-11
Deux listes de gauche au premier tour qui devancent la liste de droite

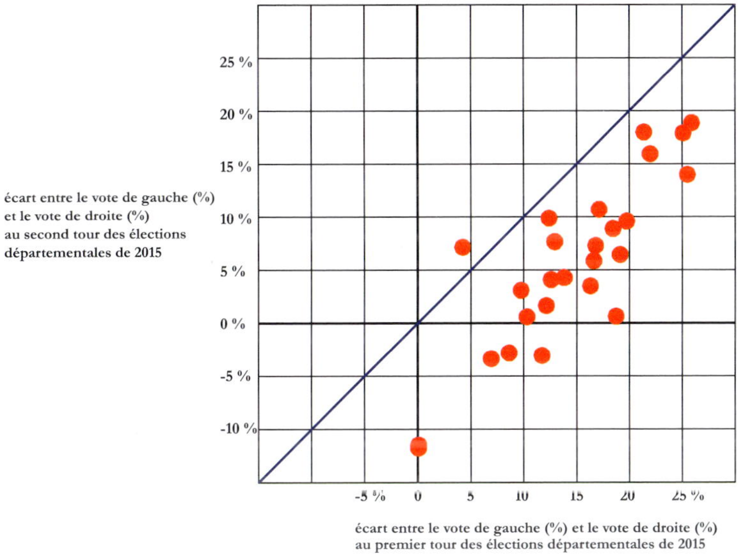

Figure V-12
Trois ou quatre listes de gauche au premier tour qui,
en bloc, devancent la liste de droite

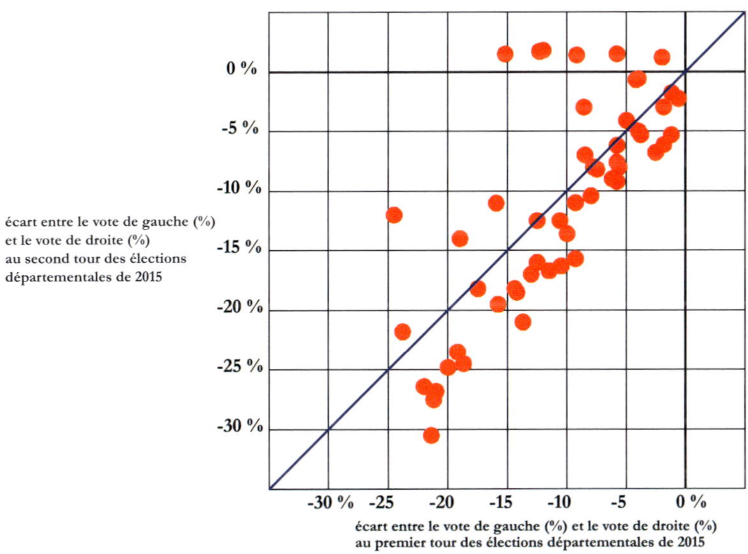

Figure V-13
Plusieurs listes de droite qui, au premier tour,
devancent, en bloc, la seule liste de gauche

comportement moyen. Dans trois cas (16e de la Haute-Marne, 4e de l'Yonne et 16e du Vaucluse), il s'agit de reports importants entre le FN et la droite. Les deux cas restants échappent à l'analyse générale.

L'intervention du FN dépasse les trois cas particuliers qui viennent d'être signalés. Si la droite comble au second tour une partie de son retard sur la gauche, elle le doit en partie à des reports d'électeurs du FN au premier tour. Sur le tableau, on voit que le recul des voix FN, donc le vraisemblable apport à la droite est d'autant plus important que le match entre la gauche et la droite est plus serré : 2,9 % des suffrages exprimés dans le cas où l'avance de la gauche sur la droite était la plus faible (7,1 % lorsqu'une seule liste de gauche était en lice au premier tour), 2,4 % quand l'avance s'élevait à 10,9 % (deux listes de gauche présentes au premier tour) et, enfin, seulement 1,1 % si l'avance de la gauche s'élevait à 14,6 % (3 listes de gauche ou plus au premier tour).

En fin de compte, le comportement des électeurs des trois blocs est logique, sinon rationnel : la gauche présente d'autant plus de candidats qu'elle estime plus élevées ses chances de gagner le second tour. C'est un raisonnement à courte vue, car plus il y a de listes de gauche, plus le recul de la gauche est important au second tour. En ne présentant qu'une liste au premier tour, la gauche perd sans doute des électeurs qui ne sont pas du parti choisi, par exemple des communistes qui ne se déplacent pas pour un candidat radical de gauche. Mais, au second tour, confrontés au risque de perdre un canton de gauche, certains de ces électeurs reviennent, préférant la grippe à la peste.

À l'inverse, quand plusieurs listes de gauche étaient présentes au premier tour, les électeurs dont la liste n'a pas atteint le second tour peuvent se démobiliser d'autant plus qu'une forte concurrence au premier tour a pu engendrer des aigreurs. Les électeurs du FN ont eux aussi une attitude logique : puisqu'ils préfèrent le candidat de droite à celui de gauche, ils votent pour lui au second tour d'autant plus nombreux que l'écart entre la gauche et la droite était faible au premier tour et que les chances de leur candidat sont minimes, voire nulles. Quant à l'électeur de droite, conscient de l'imprudence de la gauche avec ses candidatures multiples et connaissant la porosité entre la droite et le FN, il peut continuer à voter à droite sans état d'âme. Un boulevard s'ouvre devant lui.

Lorsque le bloc de droite était en tête des triangulaires, les comportements de la gauche et du FN conservent la même structure que lorsque le bloc de gauche était en tête, mais en sourdine, comme on peut s'en rendre compte sur le tableau 10 qui reprend les mêmes catégories que le précédent.

TABLEAU 10

Répartition des votes par couleur politique au premier et au second tour selon le nombre de listes (binômes) de gauche au premier tour quand la droite était en tête

	premier tour			second tour				
	% gauche	% droite	% FN	% gauche	% droite	% FN	élus de gauche	élus de droite
1 liste de gauche	30,2	40	29,8	31	41,8	27,2	6	47
2 ou 3 listes de gauche	33,9	38	28	32,8	40,8	26,4	4	22

On retrouve terme à terme les caractéristiques de la gauche lorsqu'elle était en tête des triangulaires :

– quand les listes de gauche sont plus nombreuses, le score de la gauche est plus élevé, ce qui indique soit un électorat plus large, soit un canton traditionnellement favorable à la gauche ;

– quand une seule liste de gauche était présente au premier tour, elle améliore son score au second tour, sinon le bloc de gauche perd en voix et en pourcentage de suffrages exprimés ;

– le FN recule au second tour en voix comme en pourcentage, d'autant plus que le score de la gauche est faible. Sans espoir véritable pour le succès de son parti, une fraction de ses électeurs préfère assurer la victoire de la droite : recul de 2,6 % quand les listes de gauche font 30,2 % et de 1,6 % quand elles montent à 33,9 % ;

– la conjonction des manœuvres des électeurs FN et de la division de la gauche profite dans tous les cas à la droite, d'autant plus que la gauche avait un score élevé et était divisée : l'écart des suffrages de la droite et de la gauche à l'issue du premier tour était de 9,8 % et de 10,8 % au second tour quand une seule liste de gauche s'était présentée. Il passait de 4,1 % à 8 % quand plusieurs listes de gauche étaient en lice.

La gauche à qui perd gagne

Dans de telles conditions, il était improbable que la gauche renverse la tendance au second tour. Elle y est cependant parvenue dans 10 cantons sur 84, ce qui n'est pas négligeable. Comment cela a-t-il été possible ?

Pour le comprendre, il faut entrer dans plus de détail, comme on l'a fait précédemment avec les triangulaires où la gauche partait en tête. La figure 13 présente, avec les mêmes conventions que les précédentes, la relation entre les écarts de la gauche et de la droite au premier et au second tour. Le résultat est à première vue plutôt bizarre. Alors que les écarts au second tour correspondent d'assez près à ceux du premier tour dans la plupart des cantons, les 6 cantons dans lesquels la gauche a rattrapé et doublé la droite s'inscrivent tous sur une ligne horizontale proche de l'équilibre entre les deux camps et indépendamment des résultats du premier tour.

Quand on examine ces 6 cantons, dans 5 d'entre eux le bloc de droite comprenait un ou deux « divers droite » et parfois un « divers ». Clairement, ces « divers droite » et surtout ces « divers » l'étaient véritablement. Ils n'étaient pas favorables à une victoire de la droite soit par hostilité à l'UMP, soit parce que la catégorie « divers » contenait une fraction de votes de gauche. Cette hypothèse est confortée par l'examen des points de la figure qui s'écartent de la tendance générale, sans pour autant mettre la gauche en tête : deux des trois cantons pour lesquels l'écart entre gauche et droite s'est nettement réduit au second tour comprennent des « divers droite ». Un seul, ainsi que le 6e dans lequel la gauche l'a emporté, est différent. Les deux cantons en question sont dans le département de la Meuse (9e et 13e : Étain et Saint-Mihiel). Dans les deux cas, une liste UDI s'était opposée à une liste UMP. La désunion de la droite a sans doute eu la même conséquence que pour la gauche. Les 26 triangulaires dans lesquelles la droite était en tête et où la gauche avait présenté plusieurs listes au premier tour ont les mêmes caractères : dans les 4 cantons où la gauche a repris l'avantage, un « divers droite » avec ou sans un « divers » était présent au premier tour.

En comparant les figures précédentes, deux faits s'imposent. Le premier, mineur, est la direction du nuage des points toujours un peu plus pentue que la diagonale. Cela signifie que plus l'écart entre la gauche et la droite au premier tour était en faveur de la gauche, mieux il s'est maintenu au second tour. Le second fait est plus général : une fois mis de côté quelques cas particuliers très minoritaires (les deux cantons de la Meuse où l'UDI s'était opposée à l'UMP, le 16e de la Haute-Marne, le 4e de l'Yonne et le 16e du Vaucluse) et une fois prise en compte l'ambiguïté des « divers » et « divers droite », le comportement de l'électorat entre les deux tours est extraordinairement homogène, indépendamment de circonstances locales, sociales ou régionales. Ces facteurs ont profondément influencé les résultats du premier tour, mais ensuite, entre les deux tours, ils sont restés muets laissant libre cours à des stratégies partisanes nationales.

CHAPITRE 6

Les duels

Les duels gauche-FN : un front républicain implicite

La comparaison des voix de gauche des trois tendances politiques aux deux tours de l'élection dans les 288 cantons où le résultat du premier tour donnait lieu à un duel entre la gauche et le FN est inscrite sur le tableau suivant (en milliers d'électeurs). Le FN était en tête dans 38 cantons, mais n'a triomphé que dans 19. Une combinaison d'abstentions et de reports explique cette contre-performance.

	gauche	droite	FN
premier tour	1468	681	1037
second tour	1753		1252

L'abstention a nettement augmenté puisque le second tour compte 182000 suffrages exprimés de moins, sans grand changement du nombre de blancs et nuls. Il est peu vraisemblable que les électeurs de gauche ou ceux du FN se soient découragés puisque la victoire paraissait en vue pour les uns comme pour les autres. L'abstention a donc été surtout le fait de ceux qui avaient voté à droite au premier tour. En soustrayant ces nouvelles abstentions du total de la droite au premier tour, ce sont 500 000 électeurs de droite qui se sont répartis au second tour entre la gauche et le FN. Auquel cas, ces reports expliquent l'accroissement des suffrages à gauche et au FN : 285 000 électeurs de droite se sont reportés sur les binômes de gauche et 215 000 sur ceux du FN.

Ce partage est dans la logique de la doctrine sarkozienne du « ni-ni ». Les électeurs de l'UMP se partageant à égalité entre les deux camps opposés, et ceux de l'UDI et du MoDem qui appelaient au front républicain se reportant sur le candidat de gauche. En supposant que cette tactique ait prévalu partout, on compterait 215 000 + 215 000 = 430 000 électeurs UMP et 285 000 – 215 000 = 70 000 électeurs centristes, soit 1 sur 7, ce qui semble vraisemblable. Un surcroît d'électeurs FN n'ayant pas voté au premier tour est peu probable, car on aurait dû l'observer aussi lors des triangulaires. Même chose pour un surcroît d'électeurs de gauche. Il est donc assez vraisemblable que les voix de droite du premier tour se soient partagées en 26,5 % d'abstention, 42 % de reports à gauche et 31,5 % au FN.

Si ce partage des votes de droite entre les trois destinations avait été le même dans chaque canton, on peut calculer combien de cantons auraient été gagnés par le FN puisqu'on connaît la répartition des voix au premier tour : il suffit d'ajouter à celles de gauche 42 % de celles de droite et à celles du FN 31,5 %. Le résultat est intéressant : au lieu des 19 cantons gagnés par le FN, on aurait dû en compter 26. Le partage des voix de la droite n'a donc pas été dicté seulement par des stratégies nationales, mais également par des considérations arithmétiques qui se résument à un slogan : faire barrage au FN. En effet, plus l'écart de voix au premier tour était favorable au FN, plus l'électorat de droite s'est reporté sur les candidats de la gauche et, inversement, plus les candidats de gauche avaient une forte avance sur ceux du FN, plus les reports de la droite ont été faibles.

Le tableau suivant (n° 11) montre l'amplitude du phénomène. On y a classé les 288 cantons où un duel gauche-FN avait lieu en fonction des résultats du premier tour en 6 classes, selon le rapport de force au premier tour (écart entre le pourcentage de suffrages pour la gauche et le pourcentage pour le FN). Dans chaque classe, on a calculé les gains de la gauche entre les deux tours pour 100 votes de droite au premier tour et le surcroît d'abstention pour 100 votes de droite au premier tour.

Tableau 11
Abstentions et reports de la droite
quand elle est absente du second tour
(duels gauche-FN)

écart entre le % de voix de gauche et le % de voix du FN	gains de la gauche pour 100 voix de droite	gains du FN pour 100 voix de droite	hausse de l'abstention pour 100 voix de droite	nombre de cantons
> 25 %	18,5	29,8	51,7	71
18-25	35,0	28,9	36,1	50
10-18	44,3	33,0	22,7	42
5-10	41,3	30,9	27,8	52
0-5	49,5	30,3	20,2	40
< 0 %	55,4	32,3	12,3	33

Plus la gauche avait un retard important sur le FN (en bas du tableau), plus elle a amélioré son score. Inversement, là où la gauche avait une grosse avance sur le FN, elle a à peine progressé (haut du tableau). Les gains de la gauche en fonction du nombre de votes de droite suivent la même évolution. Plus le candidat de gauche était devancé, plus les suffrages de la droite se sont reportés sur lui au second tour. Corrélativement, le surcroît d'abstention entre les deux tours a été d'autant plus faible que le candidat de gauche était plus menacé. Si le modèle du partage des voix de droite entre les trois options, gauche, FN et abstention est adopté, donc s'il n'y a pas eu de mobilisation plus forte ou plus faible du FN, ce dernier a recueilli les voix de droite qui n'étaient allées ni à gauche ni à l'abstention (ou aux blancs et nuls).

En prenant le complémentaire à 100 du pourcentage de gains de la gauche et du pourcentage d'abstention par rapport aux voix de droite au premier tour, on obtient le pourcentage des voix de droite qui se sont reportées sur le FN. Ce pourcentage dépend peu du rapport de force entre la gauche et le FN, comme si un noyau d'électeurs de droite (environ 30 %) ne faisait plus de distinction entre droite et FN. Ainsi la droite s'est scindée en deux. D'un côté, un tiers de ses électeurs se dirigent vers le FN quoi qu'il arrive ; de l'autre côté, deux tiers de ses électeurs refusent le FN, sans pour autant adhérer à la gauche en partageant leurs votes entre la gauche et l'abstention selon le rapport de force entre la gauche et le FN. On peut appeler cela un vote utile et, plus encore, un vote raisonné.

La porosité entre la droite et le FN que laissent entrevoir les prises de position de certains dirigeants de la droite est donc relativement réduite quand on analyse le comportement de l'électorat de droite. C'est aussi une preuve de réalisme. La droite n'a aucun intérêt à ce que le FN devienne le premier parti de France, comme il le claironne.

Duels droite-FN : le front républicain explicite

Reprenons la même analyse pour les duels de la droite avec le FN. *A priori*, la consigne de front républicain avait été donnée sans réserve par les dirigeants de la gauche. A-t-elle été appliquée ? Le premier tableau indique la répartition des électeurs entre les trois tendances aux deux tours dans les 534 cantons où un duel de ce type devait se dérouler en raison des résultats du premier tour.

	gauche	droite	FN
premier tour	1676	2731	2042
second tour		3738	2155

D'un tour au suivant, l'abstention a progressé de 556000 personnes. Le raisonnement tenu pour les duels gauche-FN peut être repris pour la droite. Cela revient à admettre que les 1676000 électeurs de gauche se sont séparés en 556000 abstentionnistes au second tour, 1007000 reports à droite et 113000 reports vers le FN, soit, en pourcentage, 32 % d'abstention, 60 % à droite et 8 % au FN. Il n'y a pas de raison de penser que la mobilisation du FN ait été supérieure au second tour, puisque l'on n'a rien observé de tel dans les triangulaires. La consigne du front républicain a-t-elle été suivie partout avec la même intensité ?

Comme dans le cas des duels entre la gauche et le FN, on a calculé quel aurait été le nombre de cantons gagnés par le FN si les voix de gauche s'étaient réparties selon les pourcentages précédents dans chaque canton où avait lieu un duel entre la droite et le FN. Sur 529 duels de ce type, 6 auraient été emportés par le FN dans ce cas. Or, il n'en a obtenu que 3. On peut donc suspecter que les suffrages de la gauche se sont mieux reportés sur la droite quand la menace d'une victoire du FN était plus forte. En classant les cantons selon le rapport de force entre le FN et la droite, comme on l'a fait précédemment pour le FN et la gauche, on obtient un tableau (n° 12) qui confirme la mobilisation de la gauche.

Les évolutions ressemblent beaucoup à celles qui ont été constatées à droite. Implicite ou explicite, le front républicain a été sensiblement suivi dans les mêmes proportions, à droite comme à gauche. La différence porte sur les abstentions plus fréquentes à

TABLEAU 12
Abstentions et reports de la gauche
quand elle est absente du second tour
(duels droite-FN)

écart entre le % de voix de droite et le % de voix du FN	gains de la droite pour 100 voix de gauche	gains du FN pour 100 voix de gauche	abstention pour 100 voix de gauche	nombre de cantons
> 25 %	1,7	10,9	87,4	93
18-25	49,4	7,0	43,6	92
12-18	58,3	2,7	39,0	86
6-12	58,3	6,5	35,2	84
0-6	62,6	6,6	30,7	94
< 0 %	66,0	8,3	25,7	80

gauche qu'à droite et donc, logiquement, les reports vers le FN sont nettement moins élevés à gauche qu'à droite. Si l'on suppose que l'abstention est le seul fait des électeurs de gauche du premier tour, les reports sur le FN sont toujours inférieurs à 11 %. La mobilisation de la gauche comme celle de la droite a donc été différentielle. Parler d'un front républicain est une présentation positive. Plus clairement, il y a eu à gauche comme à droite une mobilisation anti-FN de leur électorat.

La défaite du FN au second tour est maintenant compréhensible dans son ampleur. Dans les 1 766 cantons où des duels ou bien une triangulaire ont eu lieu au second tour, 154 seraient revenus au FN s'il n'y avait eu aucun transfert de voix. Ou encore, le FN était arrivé en tête des trois tendances dans 154 cantons[1] au

1. En fait, dans un plus grand nombre de cantons, car la droite comme la gauche étaient parfois représentées par plusieurs listes.

premier tour. En tenant compte des transferts au niveau national, donc en supposant qu'ils s'effectuaient selon les mêmes proportions dans tous les cantons, le nombre de cantons acquis par le FN serait tombé à 46. Enfin, à cause de la mobilisation de la droite pour la gauche ou de la gauche pour la droite quand le FN était en situation de l'emporter, le nombre de cantons gagnés par le FN est tombé à 27. Reste à comprendre le laminage de la gauche par la droite. La cause n'est pas difficile à découvrir : les reports du FN en faveur de la droite. Il faut juger de leur ampleur, notamment en fonction du rapport de force entre la gauche et la droite.

Duels gauche-droite : l'apport du FN

Bien qu'étant partie au combat en rangs dispersés, la gauche se trouvait en tête dans ces duels. Le total de ses voix au premier tour dépassait celui de la droite dans 425 cantons sur 668, soit environ deux sur trois. À l'arrivée, elle ne gagne que dans 289 cantons. Les voix du FN, éliminé au premier tour, ont donc profité largement à la droite qui gagne 628 000 voix entre les deux tours alors que la gauche en perd 82 000. L'abstention augmente de 640 000 voix.

	gauche	droite	FN
premier tour	2 922	2 498	1 186
second tour	2 840	3 126	

Selon toute vraisemblance, les voix FN se sont reportées sur la droite et elle seule au second tour ou ont gonflé le chiffre des abstentionnistes. Sous cette hypothèse, on peut effectuer les mêmes ventilations que pour les types précédents de duel en calculant l'intensité des reports des électeurs FN vers la droite en fonction de l'écart entre les scores de la droite et de la gauche[1] (tableau 13). Le résultat est assez différent de ceux des duels FN-gauche et FN-droite.

TABLEAU 13
Abstentions et reports du FN quand il est absent du second tour (duels gauche-droite)

écart entre le % de voix à gauche et le % de voix à droite	gains de la droite pour 100 voix du FN	abstention pour 100 voix du FN	gains de la gauche pour 100 voix du FN	nombre de cantons
> 25 %	56,0	76,6	-32,5	94
15-25 %	58,7	58,2	-16,9	125
7-15 %	58,2	46,2	-4,4	136
0-7 %	51,9	48,9	-0,8	90
-10-0 %	44,4	55,4	0,2	110
<-10 %	20,8	76,8	2,4	113

Les reports des électeurs FN du premier tour sont assez clairs : lorsque la gauche a une chance de l'emporter, entre 55 et 60 % d'entre eux rejoignent la droite, quel que soit l'écart entre la gauche et la droite au premier tour. Mais quand c'est la droite qui tient la corde, ils se réfugient dans l'abstention de plus en plus massivement (77 % d'entre eux quand le total des voix de droite dépasse de plus de 10 % le total des voix de gauche au premier tour). On peut parler d'un double refus, l'un fort, envers la gauche, l'autre, plus faible envers la droite.

On voit que le total des voix FN allant soit à l'abstention

1. Pour cette analyse, on a retiré les cantons dans lesquels le FN n'avait présenté aucun binôme (53 cantons métropolitains) et dans lesquels un duel gauche-droite avait lieu au second tour.

soit à droite atteint presque exactement 100 % pour les quatre dernières catégories, donc celles où la droite avait des chances de l'emporter. Dans les premières catégories, le total dépasse 100 %, ce qui signifie qu'une autre source d'abstention existe. Elle est bien visible sur le résultat d'ensemble, où 82 000 voix ont été perdues par la gauche entre les deux tours. Si l'on calcule l'abstention supplémentaire dans les deux premières catégories, elle atteint 68 000 voix dans les cantons où le FN était présent au premier tour, auxquelles s'ajoutent 21 000 voix dans les 53 cantons où il ne s'était pas présenté, donc à peu près le surcroît global d'abstention de gauche entre les deux tours, ce qui autorise à affecter entièrement à la gauche ce surplus d'abstentionnistes. L'interprétation semble ainsi assez simple : quand la gauche était pratiquement assurée de l'emporter, ses divisions ont resurgi. Des électeurs PS n'ont pas voté pour le Parti de gauche et réciproquement, sans omettre les variations erratiques de l'électorat écologique d'EELV. C'est d'ailleurs ce que l'on constate dans les 53 cantons où le FN n'était pas présent au premier tour.

Le vote aux élections départementales crée entre les deux tours un système au sens de la cybernétique ou de la systémique. Ce système est constitué d'un noyau fixe de trois blocs, la gauche, la droite, le FN, avec des désistements quasiment automatiques de 30 % du bloc de droite vers le FN en cas de duel gauche-FN et de 8 % du bloc de gauche vers le FN en cas de duel droite-FN. En revanche, les désistements et reports de la gauche vers la droite varient de 0 % à 66 % selon l'importance du vote FN, et de droite à gauche de 20 à 60 %. Cette liaison variable entre la gauche et la droite condamne le FN à n'obtenir que des miettes, même si son électorat s'accroît. En effet, s'il recueille par exemple 30 % des suffrages aux élections départementales au lieu des 25 % actuels, au premier tour ses candidats seront mieux placés dans les duels face à la gauche ou à la droite, ce qui entraînera des reports plus importants entre ces partis et donc peu de gains pour le FN en termes de sièges de conseillers départementaux, comme on le verra plus bas.

Une autre conséquence du tripartisme est de placer la droite au centre, ce qui lui permet de bénéficier à la fois des reports de la gauche et du FN, et de marginaliser la gauche dans une position non pas résiduelle comme le FN, mais minoritaire. Cela dit, la croissance du FN, si elle se poursuivait, s'effectuerait sans doute au détriment de la droite plus que de la gauche, en raison d'une plus grande porosité entre la droite et le FN, comme le montrent les reports calculés plus haut. Cela s'est effectivement produit aux élections régionales neuf mois plus tard.

CHAPITRE 7

Refaire les élections

Le système du second tour

En regroupant en un seul corps de règles toutes les relations qui viennent d'être établies entre les configurations des votes du premier tour et celles du second tour, on se donne les moyens d'une prospective électorale. Il faut d'abord vérifier la pertinence et la précision du système des règles en le simulant : appliqué à la répartition des voix au premier tour de mars 2015, il doit donner avec une bonne précision le résultat du second tour. Si la simulation ou, plus exactement, la reconstitution du second tour à partir des règles réussit, le même système pourra être appliqué à des répartitions différentes des voix au premier tour pour prospecter la tournure qu'aurait pris le second tour dans ce cas, par exemple pour répondre à une question du type : quelle aurait été la répartition des cantons entre les partis si le vote en faveur du FN avait été plus élevé de 5 points, comme l'annonçaient certains sondages.

On peut aller plus loin en étendant le modèle aux seconds tours d'autres élections, la présidentielle, les régionales ou les législatives, si leur premier tour, c'est-à-dire l'état de l'opinion et de la division en partis sont connus ou estimés ou conjecturés. Il ne s'agit pas d'émettre une prophétie, mais de déterminer à l'aide de l'ensemble des règles le résultat du second tour si telle ou telle situation se présente au premier tour. On peut enfin tester l'effet d'un changement d'une ou de plusieurs règles : que se serait-il passé ou que se passerait-il si la proportion des reports des électeurs FN sur les candidats de droite était deux fois plus faible que celle qu'on a constatée, par exemple, ou si la gauche se présentait unie.

Les règles sont définies à partir des résultats du premier tour qui sont classés de deux manières : selon le nombre de blocs différents (droite, gauche, extrême droite) dont au moins un candidat a passé la barre des 12,5 % d'inscrits, et selon la proportion de suffrages qui sont allés à chacun des trois blocs, toutes tendances confondues. En cas d'union des tendances dès le premier tour, les pourcentages obtenus par chaque bloc suffisent à déterminer le nombre de blocs présents au second tour (candidat unique, duels ou triangulaires).

Énoncer les règles des duels est le cas le plus simple, puisqu'on dispose de tous les éléments : en fonction de l'écart entre les deux adversaires et de leur couleur politique, on connaît les reports du bloc politique éliminé qui ont fait l'objet des trois tableaux n°s 10, 11 et 12. Par exemple, si pour 20 000 inscrits, les résultats du premier tour sont de 4 400 voix à gauche, 4 000 à droite et 1 600 au FN, le FN est éliminé car il n'atteint pas les 12,5 % d'inscrits. L'écart entre la gauche et la droite est de 4 % des suffrages exprimés. Sur le tableau 12, on lit que, dans ce cas (écart des suffrages exprimés entre la gauche et la droite compris entre 0 et 6 %), 53 % des voix FN se reportent à droite et 0 % à gauche. Au second tour, on a donc toujours 4 400 voix à gauche et à droite 4 000 + 0,53 × 1 600 = 4 848 voix. La droite rattrape son retard du premier tour et l'emporte.

Pour les triangulaires, les règles sont plus difficiles à énoncer, mais la stabilité des votes est plus élevée, puisque tous les blocs restent en lice. On a vu que le critère le plus pertinent était l'ordre dans lequel les trois blocs étaient arrivés au premier tour. Le plus simple est donc de figer les proportions de cantons gagnés par

TABLEAU 14
Proportions de cantons gagnés par chaque bloc
en fonction de l'ordre d'arrivée des trois blocs
au premier tour et du possible désistement d'un bloc

ordre des blocs au 1er tour	% désistement : D % sans désistement : ND	% cantons pour la gauche	% cantons pour la droite	% cantons pour le FN
FGD	D = 33	80	0	20
	ND = 66	40	20	40
FDG	D = 80	0	100	0
	ND = 20	0	100	0
GDF	D = 3	0	100	0
	ND = 97	65	35	0
GFD	D = 7	75	25	0
	ND = 93	96	4	0
DGF	ND = 100	12	88	0
DFG	D = 14	0	100	0
	ND = 86	13	83	4

chaque bloc pour un ordre donné (par exemple GFD, gauche en tête, puis FN et droite en queue). Si le poids de chacun des blocs change à l'échelle nationale, par exemple si les suffrages du FN grimpent de 5 points, la répercussion de cette hausse dans chaque canton modifiera l'ordre des blocs, donc la répartition des sièges. On a vu que les désistements avaient aussi leur importance. Il faut donc combiner l'ordre et les désistements dont l'influence pourra ainsi être testée.

Les proportions de cantons obtenus dans les différentes configurations possibles se lisent directement sur la figure 9 (p. 68), ce qui permet de construire le tableau 14 de la répartition des sièges par bloc selon leur ordre d'arrivée au premier tour et selon qu'un désistement a eu lieu ou non[1].

Les règles des duels et des triangulaires ayant été énoncées, il faut maintenant vérifier que leur application aux résultats du premier tour reconstitue bien les résultats observés au second tour. Autrement dit, la connaissance des règles et des résultats du premier tour doit suffire à reconstituer le résultat du second tour.

Première simulation

Puisque la couleur politique des élus au premier tour est connue, la simulation du modèle ne fait que les reprendre. De même, les règles posées pour les triangulaires reproduisent les résultats observés, puisqu'elles sont directement bâties sur eux. En revanche, les résultats des duels ne sont pas nécessairement les mêmes dans la simulation et dans la réalité pour une raison simple : une fois le parti éliminé connu et l'écart de voix (en % des suffrages exprimés) entre les deux adversaires restant en lice connu, les reports sont calculés de la même manière où que soit situé le canton, dans la région lilloise, en Bretagne ou dans le Languedoc. La précision de la reconstitution a toutefois dépassé les espérances, comme on peut le constater en comparant la simulation et la réalité pour chaque type de duel (tableau 15).

L'accord est presque parfait pour les élus de gauche et de droite, mais il sous-estime les élus FN. Cependant, le modèle saisit bien que le nombre de victoires du FN est très faible malgré l'importance des voix obtenues par les listes de ce parti au premier tour. Les 7 cantons où une paire FN a été élue, alors que la simulation la donne perdante, méritent un examen. Dans deux d'entre eux, la

1. La liste des règles est donnée dans le désordre, ce qui distingue un système d'un processus dans lequel elles s'enchaînent. Le prototype des systèmes de règles est la machine de Turing. Voir André Lentin et Maurice Gross, *Notions sur les grammaires formelles*, Paris, Gauthier-Villars, 1967.

TABLEAU 15
Comparaison des résultats simulés
par le système des règles du tableau 12
et les résultats observés selon le type de duel

listes élues	gauche		droite		FN	
type de duel	simulation	observé	simulation	observé	simulation	observé
gauche-droite	296	292	370	374		
gauche-FN	274	269			14	19
droite-FN			531	529	2	4

droite était en tête, mais deux listes concurrentes s'étaient présentées au premier tour. Dans le cas du 4e canton des Pyrénées-Orientales (Côte salanquaise), la liste étiquetée « divers » penchait plus vers l'extrême droite que vers la droite. Dans le second cas, le 13e canton de la Meuse (Saint-Mihiel), une liste UDI et une liste UMP avaient fait presque jeu égal au premier tour et les reports se sont mal opérés, comme on l'a vu plus haut. 4 des 5 cantons où la gauche est battue dans un duel avec le FN, alors que la simulation la donne gagnante, se trouvent dans le Pas-de-Calais (26, 29, 31 et 39e).

Dans ces quatre cas, les voix FN et les voix de gauche étaient presque à égalité au premier tour et les voix de droite inférieures à 10 %. Mais ces dernières se sont largement reportées sur la liste FN, contrairement à ce qui s'est produit dans tous les autres départements, ou bien elles se sont abstenues, tandis que des abstentionnistes du premier tour sont venus à la rescousse du FN. Cette exception est intéressante car elle représente le seul cas où la règle générale de désistement a eu une variante locale. *A contrario*, cela souligne à quel point la règle générale est valable sur tout le reste du territoire. L'élection se scinde donc bien en deux moments. Au premier tour, les circonstances régionales et locales ont créé de larges différences de vote entre les cantons. Puis le passage du premier au second tour s'effectue de manière homogène à l'échelle nationale selon les règles qui viennent d'être explicitées, comme si tout le potentiel local avait été épuisé par le premier tour.

Seconde simulation

Il existe une autre méthode plus simple, tellement évidente qu'on hésite à le croire, mais aussi d'utilisation plus limitée. Elle consiste à mettre directement en rapport les résultats des trois blocs au premier tour, donc les profils constitués des trois pourcentages du total des voix de gauche, des voix de droite et des voix d'extrême droite, indépendamment du nombre de leurs candidats, avec le résultat du second tour, donc la victoire de l'un des trois blocs.

L'exposé le plus simple de cette méthode utilise une représentation graphique des résultats des deux tours (figure 14). Puisque le profil d'un canton au premier tour est constitué de trois pourcentages dont la somme vaut 100 par définition, on peut le représenter comme un point à l'intérieur d'un triangle équilatéral dont les distances aux trois côtés sont proportionnelles aux trois pourcentages. La preuve de cette propriété est simple : si l'on trace les trois parallèles aux côtés passant par ce point, elles délimitent avec les côtés trois autres petits triangles équilatéraux. En notant les côtés égaux par une même couleur, on constate immédiatement que la somme des côtés des trois petits triangles est égale au côté du grand triangle initial situé sur la gauche. Donc la somme des hauteurs des trois petits triangles qui sont les distances aux trois côtés est égale à la hauteur du grand triangle et elle est donc constante quel que soit le point choisi à l'intérieur du triangle. Si les hauteurs sont proportionnelles aux pourcentages de votes pour chacun des trois blocs, alors la hauteur est dans la même proportion que le pourcentage de 100 %.

La construction qui vient d'être réalisée pour un canton particulier peut être répétée pour les 1 995 cantons. 1 995 points vont

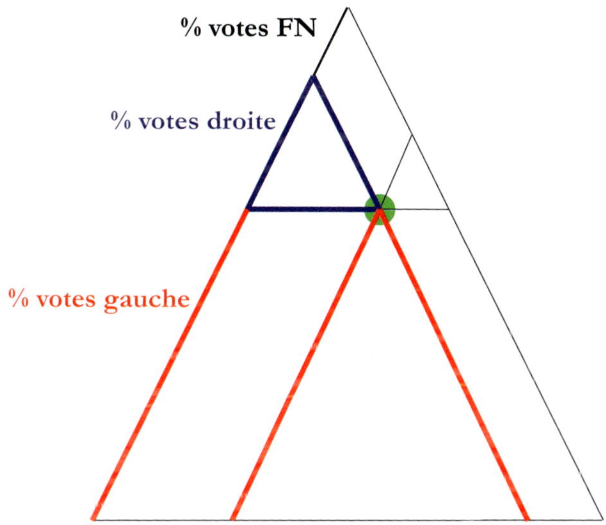

Figure VII-14
Position d'un canton selon les pourcentages de ses suffrages de droite, de gauche et FN au premier tour des élections départementales de 2015. La distance du point à chaque côté est proportionnelle aux pourcentages pour chacune des 3 tendances

ainsi s'inscrire dans le grand triangle. En donnant une couleur à chacun des trois blocs, rouge pour la gauche, bleue pour la droite et un cercle noir pour le FN, on attribue au point représentant chaque canton la couleur du binôme vainqueur. On obtient ainsi la figure 15 qui montre les résultats des 1 995 cantons au premier et au second tour simultanément. Au premier tour par la position du point dans le grand triangle, au second tour par sa couleur.

Le point central du triangle représente un canton où chaque bloc aurait le même score de 33,3 % des suffrages exprimés. On a abaissé de ce point les perpendiculaires aux trois côtés (ce sont les médiatrices). Elles délimitent avec les côtés du triangle trois espaces au sein desquels l'un des blocs arrive en tête au premier tour : la gauche dans l'espace du haut, le FN dans celui du bas à gauche et la droite dans celui du bas à droite. Si le scrutin avait eu lieu à la proportionnelle intégrale du premier tour, tous les points rouges (la gauche victorieuse) seraient dans l'espace du haut, tous les points noirs dans l'espace du bas à gauche (le FN vainqueur) et, enfin, tous les points bleus dans l'espace du bas à droite (droite vainqueur).

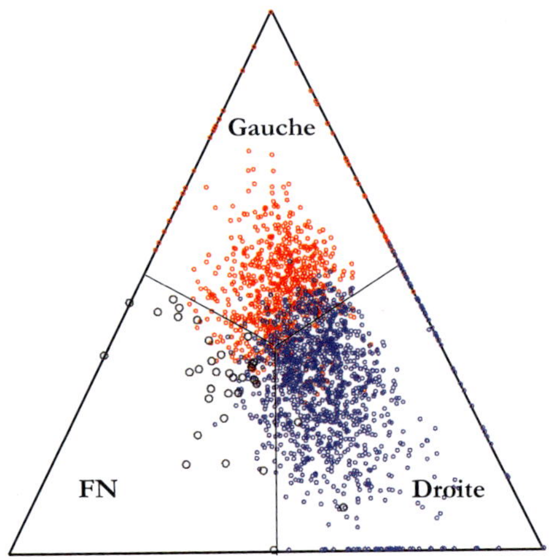

Figure VII-15
Position des 1995 cantons métropolitains selon le pourcentage de voix obtenues à gauche, à droite, au FN au premier tour des élections départementales de 2015. Les couleurs des points indiquent le résultat du second tour : rouge = gauche ; bleu = droite ; noir = FN

On voit sur la figure que la répartition des points est très différente, ce qui signifie que le second tour s'écarte nettement du premier. L'expansion de la droite en dehors de son espace du premier tour est manifeste. Elle mord sur l'espace de la gauche et plus encore sur celui du FN. La gauche mord elle aussi, mais moins vigoureusement, sur l'espace du FN. On peut presque tracer l'espace réel occupé par chaque bloc, car les turbulences sont minimes. Quelques cantons gagnés par l'un des blocs s'aventurent assez loin dans l'espace dévolu aux cantons des autres blocs dans l'hypothèse d'une répartition proportionnelle, mais ils sont peu nombreux. Plusieurs d'entre eux ont d'ailleurs fait l'objet de commentaires dans les pages précédentes, notamment en raison de leur appartenance incertaine à l'un ou l'autre des blocs (les divers de droite, de gauche et les divers tout court). L'analyse électorale n'est pas encore une branche des mathématiques pures.

Si la frontière entre les trois couleurs était parfaitement nette, n'importe quel profil tombant dans l'une des zones pourrait se voir attribuer la couleur, donc la tendance politique de cette zone. Comme la frontière n'est pas aussi nette, on peut cependant attribuer à tout point du triangle la couleur, donc l'appartenance politique du point le plus proche[1]. On en déduit l'algorithme très simple promis au début du paragraphe : pour connaître le résultat du second tour dans un canton dont on connaît les pourcentages obtenus par les trois blocs politiques au premier tour, on recherche le canton qui a le profil le plus proche de lui et on lui attribue la couleur politique de ce canton[2].

On peut vérifier sur l'ensemble des 1 995 cantons la qualité de cette procédure : pour chaque canton à tour de rôle, on suppose que l'on connaît seulement son résultat au premier tour, mais non au second. On recherche alors, parmi les 1 994 cantons restants, celui qui a le profil le plus proche et on attribue au canton considéré la même couleur politique que ce plus proche voisin. Si les espaces occupés par les cantons de chaque bloc dans le triangle sont assez homogènes, tout point correspondant à un canton sera en effet le

1. Cette technique est utilisée par les géographes sous le nom d'algorithme de Voronoï, pour délimiter des zones autour de pôles, par exemple urbains.

2. Les statistiques médicales utilisent une procédure voisine dans leurs plans d'expérience sous l'appellation de *matched pairs design*.

plus souvent proche d'un point représentant un autre canton de même tendance (ou couleur sur la figure).

Le résultat que l'on a obtenu est excellent et très proche du résultat réel du second tour, ainsi que du résultat de la première simulation par le système de règles, comme on le constate sur le tableau 16. Le nombre de cantons gagnés par la gauche et par la droite tombe, à 2 %, près du nombre observé. Le nombre de cantons gagnés par le FN est lui aussi très proche de la réalité, malgré leur petit nombre (31 au lieu des 34 cas observés)[1].

TABLEAU 16
Comparaison du résultat complet
des élections départementales de 2015
en métropole avec les deux types de simulation
ou reconstitution proposés

	gauche	droite	FN
Nombres observés	769	1 192	34
Simulation au plus proche voisin	792	1 172	31
Simulation par système de règles	785	1 183	26

Les deux méthodes peuvent sembler tautologiques. Mais l'objectif n'est pas de déterminer le nombre de cantons gagnés par les trois blocs, puisqu'on le connaît. Il s'agit de tester l'adéquation des deux méthodes, ce qui est acquis sachant que dans le premier cas – le système des règles – et dans le second cas – l'assimilation au cas connu le plus proche –, le passage du premier au second tour continue d'obéir aux mêmes règles. Dans le premier cas, les règles sont explicitées et, dans le second, elles sont implicites. On peut

1. Une des raisons pour lesquelles la méthode fonctionne bien est qu'elle donne exactement le résultat observé dans deux cas extrêmes : une répartition homogène des trois blocs, donc une absence de relation entre le premier et le second tour et une répartition en trois groupes séparés sans recouvrement.

avoir l'impression que l'on tourne en rond avec le second cas, tant il est facile à mettre en œuvre. Ce n'est pas exact : supposons que les résultats d'un canton au second tour aient été égarés ou soient momentanément indisponibles. La comparaison avec les résultats aux deux tours de tous les autres cantons donnerait dans 98 % des cas le résultat correct du second tour.

Sous son apparente simplicité, la méthode de l'appariement au cas connu le plus proche peut être utilisée pour doter l'ensemble des configurations possibles au premier tour d'une distribution de probabilité de victoire de chaque bloc au second tour. Dans le cas qui vient d'être mis en œuvre, cette distribution est aussi très simple : chaque point autour du point le plus proche a la probabilité 1 d'avoir la couleur politique de ce plus proche et une probabilité nulle d'avoir la couleur politique des deux autres blocs. Mais là où les zones se recouvrent partiellement, là où apparaissent ce que l'on a qualifié de turbulences, le résultat de la recherche du plus proche devient aléatoire : à un petit déplacement près, le plus proche bascule à un point de couleur, donc de tendance politique différente de celle du premier plus proche.

Pour répondre à cette objection, on peut rechercher non pas le profil le plus proche, mais les 5, 10 ou 20 profils les plus proches et compter combien appartiennent respectivement à chacun des trois blocs. Les trois proportions définissent alors les trois probabilités d'appartenir à chacun des trois blocs. La somme de ces probabilités donne à son tour le nombre probable de sièges gagnés par chacun des trois blocs. Les résultats obtenus avec cette procédure probabiliste restent étonnamment proches du résultat de la procédure du plus proche voisin. La répartition entre les trois blocs demeure en effet presque exactement la même : 778, 1 187 et 31 avec les 5 plus proches ; 784, 1 183 et 28 avec les 10 plus proches ; 787, 1 182 et 26 avec les 20 plus proches[1]. La légère décroissance du

1. L'écart d'une quinzaine de cantons en moins pour la droite et en plus pour la gauche dans la réalité par rapport à la simulation s'explique presque

nombre de cantons gagnés par le FN vient du fait que les cantons réellement gagnés par lui, ceux qui définissent l'ensemble de probabilités, sont peu nombreux. Comme ils ne peuvent figurer qu'une seule fois parmi les plus proches, assez rapidement il n'en reste qu'un très petit nombre susceptible de s'agréger au groupe des plus proches.

Pourquoi s'être échiné à élaborer des règles quand la seconde méthode est si simple ? Parce que la première méthode va permettre d'explorer des hypothèses que la seconde ne peut atteindre : par exemple, sur les candidatures uniques ou multiples au sein des blocs, ou sur la fréquence des désistements de gauche et de droite. En revanche, les deux méthodes peuvent être utilisées (et leurs résultats comparés) pour des questions plus simples, par exemple la répartition des cantons entre les trois blocs si le FN avait obtenu un score national supérieur de 5 % à son score de mars 2015.

Puisque les deux modèles reconstituent bien la réalité observée, on va en effet les utiliser d'abord pour tester la sensibilité des résultats du second tour, puis pour projeter les résultats éventuels des élections à venir.

---

uniquement par les 19 retournements de majorité entre le premier et le second tour, 15 de la gauche vers la droite, 3 de la droite vers la gauche et 1 de la droite vers le FN. 17 de ces retournements se sont produits dans le Sud-Ouest et 2 dans les Alpes. Ils s'expliquent par des étiquettes politiques moins précises qu'ailleurs (les divers droite, gauche et divers tout court).

CHAPITRE 8

Les élections avec des si

Le FN à 30 %

Si le FN avait obtenu aux élections départementales 5 % de suffrages exprimés en plus, droite et gauche confondues auraient reculé d'autant. L'ensemble des points de la figure triangulaire (n° 15) aurait glissé vers le coin en bas à gauche. La seconde méthode de simulation est facile à mettre en œuvre pour en évaluer les conséquences en termes de sièges au second tour : on assigne à chaque point cantonal du nuage ainsi déplacé, le résultat au second tour de 2015 du point cantonal le plus proche appartenant au nuage actuel. Reste à répartir la perte de 5 % entre la droite et la gauche.

Plusieurs schémas en partie contradictoires sont envisageables : prolongement de la variation des scores de la droite et de la gauche entre 2012 et 2015. Dans ce cas, les gains du FN proviendraient uniquement de l'électorat de gauche, puisque lui seul a reculé. On peut aussi tenir compte des proximités idéologiques : les électeurs qui rejoindront le FN sont ceux qui déjà se reportent sur lui au second tour dans les duels où leur parti n'est pas présent. On a vu que cela concernait 8 % des électeurs de gauche et 30 % de ceux de droite. Cette fois, les gains du FN proviendraient pour 80 % de la droite et pour 20 % de la gauche. Face à une telle incertitude, on peut penser à la configuration intermédiaire d'une perte égale pour la droite et pour la gauche. Chacune de ces trois hypothèses a été mise en œuvre, d'abord avec la méthode du plus proche profil, puis avec celle du système de règles.

Dans les deux types de simulation, on recalcule les pourcentages de voix dans chaque canton, en retranchant de la gauche et de la droite la fraction de leurs pertes et en les attribuant au FN. Dans la méthode du plus proche voisin, on attribue au nouveau profil le résultat du second tour, donc la couleur politique, du canton dont le profil au premier tour de mars 2015 est le plus proche. Trois hypothèses ont été retenues qui mènent à une hausse d'environ 5 % des suffrages exprimés pour le FN (donc un score global de 31 %) : le nombre des voix de gauche diminue de 14 % et celui des voix de droite reste constant (prolongation de la tendance depuis 2012) ; dans la seconde hypothèse, le nombre des voix de droite diminue de 14 % et celui des voix de gauche reste constant (en fonction des reports au second tour de 2015) et, dans la troisième, une diminution de 7 % est infligée aux deux blocs. On attribue au FN l'ensemble des voix perdues par la droite et par la gauche. Les nombres de cantons gagnés par chacun des trois blocs politiques en appliquant la méthode du plus proche voisin sont indiqués sur le tableau 17.

Quelle que soit l'origine des voix qu'elle a ralliées, l'extrême droite obtient à peu près le même nombre de cantons, une centaine, ce qui reste peu, voire dérisoire, au regard de son score. Certes, les 5 % de suffrages exprimés supplémentaires la font passer d'une trentaine à un peu plus de 100 cantons, mais, avec 31 % des voix au premier tour, dans la première hypothèse, elle est au niveau de la gauche (31,4 %), qui engrange cinq fois plus de cantons. Le contraste est encore plus fort dans la troisième hypothèse où, là aussi, le FN fait presque jeu égal, mais avec la droite (à 32,6 %) qui, nonobstant, remporte neuf fois plus de sièges. En revanche, le partage entre la droite et la gauche change assez considérablement

Tableau 17
Répartition du nombre de cantons gagnés par blocs politiques si le FN avait obtenu 31 % des suffrages exprimés au premier tour des élections départementales de 2015, selon l'origine de droite ou de gauche des nouveaux votants (simulation par la méthode du plus proche voisin)

% voix perdues à gauche	% voix perdues à droite	nombre de cantons pour la gauche	nombre de cantons pour la droite	nombre de cantons pour le FN
14	0	544	1 352	99
7	7	740	1 159	96
0	14	907	983	105

selon les pertes de l'une par rapport à celles de l'autre, ce qui est assez logique, voire tautologique.

Ainsi, quand la gauche perd 5 % des suffrages exprimés, tandis que la droite reste stable, son nombre de cantons rétrograde de 769 (observés au deuxième tour de mars 2015) à 544 (première hypothèse du tableau). L'effet classique des systèmes électoraux majoritaires à deux tours continue de s'exercer, comme sous le bipartisme avec une nette distorsion du nombre de sièges par rapport au nombre de voix sans que le FN soit partie prenante. Dans sa position résiduelle, il continue d'assister en spectateur au duel des deux grandes tendances politiques.

Il est un peu hasardeux de se fier à la seule méthode du plus proche voisin pour émettre ces conclusions sur le bénéfice cantonal que le FN retirerait d'un supplément de 5 % de suffrages exprimés. Aussi est-il nécessaire de contrôler le résultat par la méthode du système de règles. À partir des mêmes hypothèses de pertes de la droite et de la gauche, on aboutit aux résultats suivants en nombre de cantons gagnés par chaque bloc politique (tableau 18).

Tableau 18
Répartition du nombre de cantons gagnés par blocs politiques si le FN avait obtenu 31 % des suffrages exprimés au premier tour des élections départementales de 2015, selon l'origine de droite ou de gauche des nouveaux votants (méthode du système de règles)

% voix perdues à gauche	% voix perdues à droite	nombre de cantons pour la gauche	nombre de cantons pour la droite	nombre de cantons pour le FN
14	0	556	1 331	108
7	7	744	1 161	89
0	14	949	958	88

Les résultats ne sont pas identiques mais ils restent très proches. En tout état de cause, le commentaire qui a été fait sur les simulations par la méthode du plus proche voisin s'applique intégralement : stabilité du nombre de cantons gagnés par le FN quelle que soit la répartition des pertes entre la droite et la gauche ; faible nombre de cantons acquis par le FN, forte variabilité des résultats de la gauche et de la droite selon le partage des pertes entre elles deux.

Si, bien qu'il soit parvenu à égaler le nombre de suffrages de la droite ou de la gauche, le FN continue à l'emporter au second tour seulement dans une très faible proportion de cantons, arrivera-t-il à émerger dans les assemblées départementales s'il recueille non pas 5 % de suffrages supplémentaires, mais 10 %, voire 15 %, ce qui ferait monter son score au premier tour à 36 %, voire 41 % ? Puisque le nombre de sièges qu'il recueille est indépendant de la répartition des pertes entre la droite et la gauche, on va se contenter de simuler, avec les deux méthodes, l'hypothèse moyenne d'un égal partage des pertes entre la droite et la gauche. Pour atteindre environ 36 % des voix, soit 10 % de mieux, le FN doit prendre à la droite comme à la gauche 13,5 % de leur électorat. Les résultats ne seraient pas encore à la hauteur de ce pourcentage qui en fait le premier parti de France ou, plus exactement, le premier bloc politique, selon ses vœux récurrents (tableau 19).

TABLEAU 19
Répartition du nombre de cantons gagnés par blocs politiques si le FN avait obtenu 36 % des suffrages exprimés au premier tour des élections départementales de 2015 selon les deux modèles de simulation

	gauche	droite	FN
	nombre de cantons gagnés		
modèle au plus proche voisin	649	1 105	241
modèle du système de règles	690	1 058	247
scores au premier tour	31,6 %	32,6 %	35,8 %

La malchance ou plutôt la mécanique infernale du second tour continue de placardiser le FN. Maintenant qu'il est en tête, le nombre de cantons qu'il gagne est inférieur à la moitié des cantons acquis par la gauche et au quart de ceux acquis par la droite, qui continue de parader avec plus de la moitié des élus pour moins du tiers des suffrages au premier tour. Si l'on poussait encore les feux avec un FN à 41 %, cette fois la droite perdrait à son profit plus de 250 sièges, tandis que la gauche, à peu près à son taquet, ne laisserait que 70 sièges. En moyenne des deux modèles de simulation (dont les résultats restent proches), le FN serait à 566 cantons, la gauche à 522 et la droite à 907.

Pour expliquer l'ensemble de ces constats, il faut entrer un peu plus dans le ventre de la bête. Le modèle de calage sur le plus proche voisin ne sera plus utilisable, car il reste à l'extérieur du mécanisme. En revanche, le modèle du système des règles permet d'explorer plusieurs hypothèses de comportement, en changeant l'une ou l'autre des règles.

Éparpillement ou concentration des candidatures

Le premier décalage qui survient entre l'opinion et le vote précède le premier tour. Si toutes les tendances politiques, même les moins répandues, se présentent, la plupart ne passeront pas la barre des 12,5 % d'inscrits. Inversement, trop d'union peut décourager les électeurs qui ne se reconnaissent pas dans le représentant choisi. Lors des élections départementales, c'est l'éparpillement des candidatures de gauche qui a prévalu. Dans certains cas, alors que la somme des voix de gauche aurait permis de faire passer un candidat, tous ont été éliminés.

Les dégâts sont cependant moins importants qu'on ne l'a déploré dans les instances dirigeantes du PS. Comme on l'a vu plus haut, l'effet de ces divisions est à la fois plus insidieux et plus profond. Il a entraîné des abstentions au second tour. La simulation permet de calculer l'écart entre le résultat qu'aurait donné une union générale de la gauche au premier tour et la multiplicité des listes en présence. Pour cela, on a considéré l'ensemble des cantons où aucun candidat de gauche n'avait passé la barre des 12,5 % d'inscrits du premier tour, mais où la somme des voix de gauche dépassait ces 12,5 %. 247 cantons métropolitains sont dans cette situation, soit 12,4 % de l'ensemble, ce qui est un chiffre élevé. Au vu de ce chiffre, la gauche peut rêver qu'elle ait pu emporter ces cantons si elle avait réalisé l'union et donc priver d'autant de cantons la droite et le FN, surtout la droite au vu du faible nombre de cantons obtenus par le FN. Rêver car, passé le premier tour, il aurait ensuite fallu arriver en tête du second tour.

C'est ici que la simulation se révèle indispensable. Supposant donc qu'un seul candidat de gauche ait été présent au premier tour et qu'il ait recueilli la somme des voix des candidats de gauche qui se sont réellement présentés (et ont tous échoué), il suffit d'appliquer le système de règles à ces 247 cantons avec cette nouvelle configuration au premier tour : identique pour la droite et le FN, mais avec ce candidat supplémentaire unique de la gauche. Le résultat est relativement modeste : la gauche ne serait arrivée en tête du second tour que dans 63 cantons, 48 après une triangulaire et 15 dans des duels avec un candidat de droite ou du FN. Un dommage collatéral se serait produit avec la victoire de 4 candidats FN du fait des triangulaires supplémentaires prenant la place de duels entre la droite et le FN. Au lieu d'un rapport de 769 victoires de gauche à 1 192 de droite, le déséquilibre aurait légèrement régressé à 832 de gauche contre 1 129 de droite, modifiant peu le rapport de force, tout au plus la majorité dans une demi-douzaine de départements. Encore est-ce sous l'hypothèse favorable à la gauche que le candidat unique du premier tour récupérerait les voix de tous les candidats s'étant présentés sous l'étiquette de gauche.

On a vu que, lorsque plusieurs listes se présentaient au premier tour, le score de la gauche perdait en moyenne 2,5 points au second tour. Inversement, quand une seule liste de gauche se présentait, elle progressait de 1,5 point. Logiquement, en faisant l'hypothèse de la candidature unique, on doit donc retirer 2,5 points, soit 6 %, des voix de gauche, ce qui fait passer quelques candidats uniques sous la barre des 12,5 % d'inscrits, et ajouter 1,5 point, soit 4 % de leurs voix, à ceux qui franchissent la barre, puisque c'est le bénéfice des candidats uniques au second tour. L'effet de ce raffinement du calcul ne change pas grand-chose. La gauche perd 5 cantons de plus, ramenant son gain en cas d'unité des candidatures à 58 cantons.

Front républicain

Une fois le premier tour passé, une autre option se présente avec le front républicain. La gauche l'a recommandé à ses candidats, la droite a oscillé entre le recommander et pratiquer le « ni-ni ».

L'efficacité du front républicain est difficile à prouver si l'on se reporte aux différentes combinaisons qui ont été pratiquées. Dans les triangulaires où le FN était en tête et la gauche en dernière position, les 11 désistements de la liste de gauche ont tous donné la victoire à la droite contre le FN. Mais dans les 3 cas où le candidat de gauche s'est maintenu, la droite l'a aussi emporté. Dans les triangulaires où le FN était en tête et la droite en dernière position, sur les 5 désistements, 4 ont souri à la gauche et 1 seul au FN ; quand le candidat de droite s'est maintenu, le bilan est plus mitigé : la gauche l'emporte dans 4 cas, le FN dans 4 cas aussi et la droite dans 1 cas. L'efficacité du front républicain ne fait donc pas de doute, mais son rôle reste très limité. S'il avait été intégralement appliqué, ces chiffres montrent que le FN aurait perdu 3 cantons de plus au profit de la gauche. C'est sans commune mesure avec le nombre total de 1 995 cantons.

Une soixantaine de cantons supplémentaires arrachés par la gauche à la droite réduit l'écart entre leur nombre respectif de cantons à 303. C'est encore beaucoup, même si c'est mieux que l'écart observé de 423 cantons. Le rouage principal du passage des pourcentages du premier tour aux sièges obtenus au second tour ne se situe donc pas dans le front républicain ni dans l'union des partis de gauche. Il tient aux transferts de voix dans les duels. Le comportement des électeurs du bloc exclu au premier tour, donc l'abstention ou le report sur l'un des deux candidats restants, déplace un nombre considérable de sièges.

Le modèle de simulation par le système de règles permet d'explorer ces hypothèses. Les chiffres bruts permettent déjà de cerner le domaine de variation des reports et des abstentions. Sur les 534 duels droite-FN, le FN est en tête dans 80 cas. Si tous les électeurs de gauche se reportaient sur la droite, elle enlèverait les 534 cantons et, inversement, si tous votaient FN au second tour, ce dernier serait à la tête de tous les cantons. Pour les 288 duels gauche-FN, dont 33 avec le FN en tête, mêmes possibilités extrêmes en fonction des reports des électeurs de droite. *Idem* pour les 668 duels gauche-droite, dont 445 avec la gauche en tête. Si les électeurs du bloc éliminé au premier tour s'étaient reportés en proportion égale sur chacun des deux blocs en présence au second tour, celui qui était en tête à l'issue du premier tour le serait resté.

Le calcul du résultat final est donc immédiat. Il suffit de reprendre la répartition des listes en tête du second tour qui vient d'être donnée et de lui ajouter les cantons pourvus par une triangulaire, ou par un bloc ayant atteint la majorité absolue des suffrages exprimés au premier tour ou bien seul présent au second tour par plusieurs candidats. La gauche aurait alors obtenu 906 sièges, la droite, 964 et le FN, 124, ce qui est très éloigné du résultat observé, mais correspond mieux au rapport des forces de la gauche et de la droite au premier tour. La légère avance de la droite s'explique par la désunion de la gauche. On peut le vérifier en effectuant une simulation dans laquelle gauche et droite n'ont chacune qu'un seul candidat au premier tour. Alors, le score de la gauche remonte à 969 cantons, celui de la droite baisse à 952 et celui du FN à 74.

Ce sont donc des reports préférentiels qui expliquent à la fois la forte avance de la droite et le nombre minuscule de cantons gagnés par le FN. On peut illustrer l'importance des reports entre les deux tours d'une façon différente en recherchant le pourcentage de voix que devrait atteindre la gauche au premier tour pour égaler la droite. Le calcul montre que ce serait chose faite si le score de la gauche s'élevait à 39,5 %, soit 3 points de plus qu'en mars 2015, et celui de la droite, à 34,7 %. Les deux blocs obtiendraient alors 983 sièges, tandis que le FN se maintiendrait à 29 sièges seulement. Pour que le FN obtienne le même nombre de sièges que la droite, il faudrait qu'il progresse plus massivement. On a vu qu'en gagnant 10 points, il doublait la gauche dans nombre de cantons, mais restait encore loin de la droite. Pour l'égaler, il lui faudrait atteindre 42,2 % au premier tour. Encore, serait-il assez loin de la majorité des sièges que la gauche atteint avec 39,6 % des voix et la droite avec 34,8 %.

De la proportionnelle intégrale à l'élection présidentielle, la répartition des sièges se concentre sur les partis arrivés en tête, tandis qu'à chaque étape le regroupement de circonscriptions de l'étape précédente diminue la variabilité des résultats. À un bout de la chaîne, aux élections communales, on trouve une grande variété d'élus. À l'autre bout, à l'élection présidentielle, un seul parti gagnera à 100 %, celui du candidat en tête du second tour. La concentration s'inscrit bien sur le graphique triangulaire. Le nuage des points se regroupe progressivement autour de son point moyen. On peut simuler facilement cette évolution en réduisant la distance de chaque point au centre, donc l'écart entre le pourcentage de chaque bloc et leur pourcentage global en France métropolitaine.

Par exemple, si dans un canton, la gauche avait obtenu au premier tour 43 % des voix, une réduction de 50 % de l'écart par rapport au score national de la gauche, qui est de 36,6 %, la ramènerait à mi-chemin des deux pourcentages, donc à 39,8 %. Si les regroupements étaient effectués au hasard, la variabilité, donc l'écart au centre, varierait comme l'inverse de la racine carrée du nombre de cantons regroupés, donc serait divisée par 2 si on regroupait les cantons 4 par 4, par 3 si on les regroupait par paquets de 9, etc. La simulation de ces hypothèses donne le nombre de cantons gagnés par chaque bloc (tableau 20).

Très rapidement, le FN perd pied, ce qui est logique, car les cantons qu'il a obtenus ont des profils éloignés du profil moyen. La gauche résiste difficilement, bien que son score moyen soit seulement de 1 point au-dessous de celui de la droite. On n'a pas choisi au hasard les chiffres de réduction, donc le nombre de cantons regroupés. En groupe de 4, ils correspondent en moyenne aux circonscriptions électorales. En groupe de 153, aux nouvelles régions. Mais les chiffres du tableau correspondent à un regroupement au hasard, ce qui n'est pas exact dans la réalité où les cantons voisins ont souvent des profils politiques semblables.

Cependant, au lieu de regrouper les cantons au hasard, on peut le faire par circonscription législative et régionale. C'est répondre à la question : quel aurait été le résultat des élections législatives et

Tableau 20
Répartition du nombre de cantons gagnés par blocs politiques
aux élections départementales de 2015
au cas où les cantons seraient regroupés par paquets,
(donc l'écart des scores à la moyenne nationale serait d'autant plus faible)

	nombre de cantons regroupés	gagnés à gauche	gagnés à droite	gagnés par le FN
écart actuel	1	789	1 165	43
écart divisé par 2	4	546	1 444	5
écart divisé par 2,8	8	389	1 603	3
écart divisé par 12,4	153	252	1 743	0

régionales si les proportions de suffrages obtenus par chaque bloc étaient les mêmes qu'aux élections départementales, si les transferts entre le premier et le second étaient les mêmes, si la désunion de la gauche était la même ? C'est un premier pas vers une projection des résultats des prochaines élections, mais ce n'est bien sûr pas leur prévision. Les circonstances politiques, sociales, internationales auront changé d'ici là, ce qui modifiera les pourcentages de suffrages des trois blocs au premier tour. Toutefois, il est vraisemblable que les transferts conserveront à peu près la même structure.

Les élections régionales ayant eu lieu, elles offrent un premier test de la généralité des règles comme de la méthode de simulation « au plus proche ». Le petit nombre de régions ne permettait pas d'établir des règles, mais on peut vérifier si elles se sont appliquées ou non. Plus loin, les élections présidentielle et législatives se profilent. Les modèles de simulation permettent de tester certaines hypothèses prospectives ou d'exprimer en termes de sièges gagnés les pourcentages d'intentions de vote recueillis par sondage. On va donc simuler prudemment la composition de l'Assemblée nationale, si toutes les conditions restaient les mêmes qu'aux élections départementales de 2015 et, plus imprudemment, le(s) résultat(s) possible(s) de l'élection présidentielle.

Les législatives avec des si

Les résultats du premier tour de l'élection départementale peuvent être agrégés par circonscription législative. Dans chaque circonscription, on peut appliquer les règles de report des élections cantonales. Deux cas extrêmes sont à considérer. Soit, dans chaque circonscription, chacun des trois blocs ne présente qu'un seul candidat, soit au contraire la division des blocs dans chaque canton est reconduite et s'accroît donc dans les circonscriptions, puisque, si par exemple la gauche a présenté dans l'un des cantons un seul candidat affilié au front de gauche et dans le canton voisin un seul candidat affilié au PS, dans la circonscription à laquelle appartiennent les deux cantons, cela fera deux candidats de gauche, donc une division de la gauche.

Commençons par le second cas. L'émiettement de l'électorat à gauche et dans une moindre mesure à droite empêche pratiquement toute élection au premier tour (2 cas), mais donne lieu à quelques duels à l'intérieur du même bloc au second tour (7 à gauche, 16 à droite et 1 à l'extrême droite). Les triangulaires sont peu nombreuses pour la même raison (17 cas). La plupart des sièges sont donc acquis à la suite de duels dans lesquels les désistements et les reports jouent un grand rôle. Au total, en France métropolitaine, 172 députés sont élus sous une étiquette de gauche, 334 sous une étiquette de droite et 7 à l'extrême droite[1]. Le FN ne

1. La simulation par la méthode du profil le plus voisin donne un résultat proche : 175 députés à gauche, 323 à droite et 15 au FN. Ce résultat est très stable quand on remplace la recherche du plus proche voisin par celle des *n* plus proches. Par exemple, pour n = 10, le résultat est le même à 2 députés près en moins pour la gauche et pour le FN. Rechercher les *n* profils les

profite donc pas de la division de la gauche. En pourcentage, son nombre de députés (1,4 %) est même inférieur à son pourcentage de conseillers départementaux élus récemment.

Dans le cas opposé où chaque bloc ne présente qu'un seul candidat au premier tour, la physionomie de l'élection change radicalement, mais non son résultat final : 77 élus dès le premier tour (37 à gauche, 40 à droite), 146 triangulaires dont 23 dans lesquelles le FN est en tête. Au final, la gauche compte 183 élus, la droite 323 et le FN seulement 7. La gauche ne progresse que de 10 sièges, la droite recule de 10 sièges et le FN stagne à son bas niveau. Dans tous les cas, la droite, bien qu'elle ne devance que d'un seul point la gauche dans l'électorat, obtient la majorité des sièges. Alors que les responsables de droite accusent depuis 1984 la gauche d'avoir suscité le FN pour garder le pouvoir, c'est maintenant l'inverse qui se profile. En raison des reports croisés du FN et de la gauche sur le candidat de droite en cas de duels où il figure, la droite conquiert une majorité de sièges, qu'elle soit unie ou désunie et que la gauche soit unie ou non. L'avantage apparent et proclamé pour l'extrême droite d'être unie (à l'exception du micro-parti de Jacques Bompard) ne lui assure aucun gain électoral.

Les élections régionales peuvent-elles remettre en cause les maigres performances de la gauche et de l'extrême droite à des législatives qui se produiraient en même temps ? Le ministère de l'Intérieur fournissant les résultats au niveau des circonscriptions législatives, on peut reprendre les calculs précédents sur ces nouvelles et plus récentes bases, en conservant les mêmes règles que dans le cas des élections départementales.

La droite ayant nettement régressé aux régionales et le FN progressé, on peut s'attendre à une meilleure représentation de la gauche et de l'extrême droite. L'union ou la désunion des partis

---

plus proches, c'est prospecter le voisinage du profil étudié ou, sous forme graphique, les points du triangle les plus proches de ce profil.

de droite comme de gauche ne modifiant guère le résultat final, on se contentera du cas où un seul candidat de gauche et un seul de droite seraient présents dans chaque circonscription (et un seul du FN) au premier tour. Du fait des règles de maintien au second tour (dépasser 12,5 % des inscrits) et des règles de majorité (au moins 25 % des inscrits pour le candidat qui engrange plus de la moitié des suffrages exprimés), sur les 539 circonscriptions, 51 seraient pourvues au premier tour, 323 feraient l'objet de duels et 165 de triangulaires. À l'issue du second tour, 41 sièges reviendraient au FN, 221 à la gauche et 277 à la droite. Bien qu'elle soit nettement dépassée au premier tour en nombre de voix (33 % des voix hors candidats divers) par la gauche (38 %) et talonnée par le FN (29 %), la droite obtiendrait une courte majorité (qui pourrait d'ailleurs être remise en question par les résultats des Français de l'étranger et de l'outre-mer).

Il est aussi possible d'utiliser la seconde méthode d'estimation en recherchant la couleur politique des cantons dont les proportions des trois tendances sont les plus voisines des proportions observées dans chaque circonscription législative. En se basant sur les 10 profils les plus proches du profil de chaque circonscription, on trouve une répartition des sièges à l'Assemblée nationale presque identique à la précédente : 218 sièges à gauche, 280 à droite et 41 pour le FN. Cela plaide à nouveau pour la robustesse des deux méthodes, qui constituent deux moyens différents d'atteindre le même but. Cette répartition des sièges est très loin d'être proportionnelle aux suffrages de chaque tendance au premier tour. Une proportionnelle intégrale à un seul tour dont les résultats seraient ceux des élections régionales amènerait à l'Assemblée 156 députés FN, 178 députés de droite et 205 de gauche. On mesure à nouveau combien le mode de scrutin fabrique le résultat du second tour en raison des reports implicites ou explicites. Alors qu'au premier tour, on vote pour le parti que l'on préfère, on tend à voter au second tour contre le parti que l'on refuse.

Les régionales avec des si

Les récentes élections régionales offrent le moyen de tester la stabilité des règles qui n'ont été établies que sur la base d'une seule élection précédente dans les 1 995 cantons. L'échantillon des 12 régions[1] est tout petit, mais on peut tenter de voir si les deux méthodes de construction du second tour à partir des résultats du premier fonctionnent encore.

Le modèle du plus proche voisin est mieux adapté que celui du système de règles, car des triangulaires pouvaient se dérouler dans toutes les régions en raison de la facilité d'accès au second tour (obtenir au moins 10 % des suffrages exprimés et non des inscrits). Or le système des règles ne donne le résultat des triangulaires qu'en probabilité, ce qui est peu probant avec un petit échantillon. La méthode des plus proches voisins, ici les 10 cantons dont le profil des trois tendances en mars 2015 est le plus proche de celui de la région considérée en décembre 2015, donne les résultats reproduits sur le tableau 21.

Le résultat est correct dans 8 régions au sein desquelles des triangulaires se sont déroulées, mais aussi dans les deux où le Parti socialiste avait retiré sa liste, et en Alsace où la situation était hybride. Seule la Bourgogne-Franche-Comté ne se comporte pas comme son profil du premier tour le laissait présager. Comme les trois tendances étaient arrivées au premier tour dans un mouchoir (de 31,5 % à 33 % des suffrages), aucun report n'a eu lieu. La participation plus élevée au second tour a alors fait la différence en faveur de la gauche qui en a très légèrement profité (1,7 point de mieux contre 0,5 pour la droite et 0,9 pour le FN, le gain général s'expliquant par la présence de petites listes sans orientation politique précise).

Ce cas mis à part, reste celui de la Normandie, ici à égalité

1. La Corse a été laissée de côté, car son statut est différent et ses résultats assez divergents de ceux observés sur le continent.

TABLEAU 21
Répartition des tendances politiques des 10 cantons dont le profil est le plus proche de celui de chacune des 12 régions au premier tour

région	gauche	droite	FN
Alsace-Lorraine-Champagne	0	10	0
Bretagne	10	0	0
Aquitaine-Poitou-Limousin	8	2	0
Bourgogne-Franche-Comté	1	9	0
Normandie	5	5	0
Nord-Picardie	0	8	2
Île-de-France	0	10	0
Rhône-Alpes-Auvergne	1	9	0
PACA	0	7	3
Languedoc-Midi-Pyrénées	9	1	0
Centre	6	4	0
Pays de la Loire	1	9	0

de la gauche et de la droite, ce qui est assez proche de la réalité, où le centriste Hervé Morin ne l'a emporté que d'une très courte tête. Autre cas intéressant, celui de l'Île-de-France où il apparaît que le socialiste Claude Bartolone n'avait, en fait, guère de chances de l'emporter. On voit enfin que la probabilité d'une victoire du FN dans le Nord-Picardie comme en PACA n'était pas nulle, ce qui peut justifier *a posteriori* la tactique du front républicain adoptée par la gauche.

Pour ces deux régions qui ont donc été le siège de duels, la méthode des règles est applicable. Le tableau 10[1] donne en effet

1. Voir le chapitre 6.

la proportion des reports de gauche vers la droite en fonction de l'écart du score de cette dernière avec celui du FN. En prolongeant l'évolution, qui est régulière, au retard de la droite sur le FN, qui était de 12 points au Nord-Picardie comme en PACA, correspond un report d'environ 75 % des voix de la gauche au premier tour. De son côté, le FN reçoit environ 7 % des voix de la gauche, quel que soit son écart à la droite. Quand on applique ces pourcentages à la répartition des votes des trois tendances au premier tour, on obtient au second tour un score de 54,5 % pour la droite et 45,5 % pour le FN dans le Nord-Picardie, proche du résultat observé (57,8 % et 42,2 %). La même opération menée en PACA donne 52,2 % pour la droite et 48,8 % pour le FN, ici encore en ligne avec le résultat du second tour (54,8 % et 45,2 %).

Dans les deux cas, cependant, le résultat est plus favorable à la droite de 2 à 3 points que ce qui était attendu en appliquant la règle. Il est vraisemblable qu'un électorat de gauche démobilisé au premier tour, comme l'indiquaient plusieurs enquêtes, se soit repris au second tour, le rejet du FN étant un plus puissant aiguillon que l'adhésion à la gauche. De cette expérience, on peut conclure que les règles formulées à propos d'une seule élection mais sur de nombreuses unités, les cantons, restent valables à l'élection suivante sur peu d'unités, ce qui confirme le caractère mécanique ou systématique du passage entre les deux tours, par opposition au caractère socio-culturel et historique du vote au premier tour.

Et la présidentielle ?

Il est tentant de pousser un cran plus loin les simulations en se demandant quel serait le vainqueur de l'élection présidentielle dans les conditions actuelles. Trois duels sont possibles selon l'union ou la désunion des partis de gauche et de droite. Par simple lecture des règles des duels (chapitre 6), on peut calculer quels seraient les reports entre les deux tours, si l'état des trois blocs au premier tour restait le même qu'aux élections régionales. Pour chacun des trois duels possibles, les résultats seraient les suivants :

– Gauche-FN : sur le tableau 10, pour un écart de 9 points entre la gauche et le FN au premier tour, 43 % des électeurs de droite se reportent sur la gauche et 31 % sur le FN. Au total, la gauche l'emporterait par 57,5 % contre 42,5 % au FN.

– Droite-FN : sur le tableau 11, pour un écart de 2 points entre la droite et le FN au premier tour, 60 % des électeurs de gauche se reportent à droite et 7 % vont au FN. Au total, la droite l'emporterait par 63,8 % contre 36,2 %.

– Gauche-droite : sur le tableau 12, pour un écart de 5 points entre la droite et la gauche au premier tour, 55 % des électeurs du FN rejoindraient la droite au second tour et aucun la gauche. Au total, la droite l'emporterait par 56,5 % contre 43,5 %.

Bien qu'elle soit dominée au premier tour par la gauche, la droite l'emporte largement au second tour grâce à l'apport des voix FN. Si le FN est au second tour, il se rapproche plus du score d'un candidat de gauche que de celui d'un candidat de droite, mais est encore loin de pouvoir l'emporter.

Peut-il nourrir quelque espoir en accroissant son score dans les prochains mois jusqu'à devancer en nombre de voix le total des voix de gauche et celui des voix de droite ? Supposons qu'il atteigne 36 % au premier tour en prenant des voix également aux deux autres tendances qui sont alors ramenées à 34,5 % pour la gauche et 29,5 % pour la droite. Dans ce cas, un duel avec le candidat de gauche se solderait encore par une victoire de ce dernier si l'on reprend les taux de report de la droite qui figurent au tableau 10 : 57 % des voix de droite du premier tour passeraient à gauche contre 31 % au FN. Au total, la gauche l'emporterait par 53,2 % contre 47,8 %. À mesure que le FN progresse, les reports de la gauche et de la droite sont plus importants, ce qui le maintient à distance au second tour.

Le modèle des plus proches voisins peut aussi donner les

probabilités de victoire de chaque bloc de la même manière que pour les régions : c'est la répartition par blocs des gagnants au second tour des 10, 50 ou 100 cantons ayant au premier tour le profil le plus proche de celui de l'ensemble de l'électorat métropolitain. Les résultats sont très stables et quasiment indépendants du nombre de voisins entre 10 et 100 voisins. Ils donnent 40 % de cantons où la gauche gagne, 60 % où la droite l'emporte et aucun où le FN arrive en tête au second tour (de l'élection cantonale). Cette méthode est moins adaptée au cas de l'élection présidentielle que la méthode du système des règles, car la limitation à deux candidats au second tour écarte les triangulaires qui restaient au contraire possibles et même assez fréquentes dans le cas des élections législatives et régionales. Ces spéculations ne sont pas des prédictions ni des anticipations, mais des projections. Elles ne disent pas quel sera le résultat des futures élections, mais ce qu'il pourrait être dans telle ou telle circonstance ou, selon l'expression consacrée, toutes choses égales par ailleurs. Or jamais les choses ne restent égales.

Passer des résultats cantonaux à l'estimation des résultats des législatives, des régionales et de la présidentielle peut être comparé à une traduction. On traduit dans le langage des élections législatives ou dans le langage de la présidentielle le résultat des élections cantonales. Comme dans toute traduction, la correspondance n'est pas rigoureuse. Les mots et les expressions d'une langue ne recouvrent pas exactement la signification des mots et des expressions d'une autre langue. Autour d'un noyau commun, ils possèdent un halo distinct. De même, en raison d'enjeux différents, de modes de scrutin différents, de niveaux d'abstention différents, chaque élection est particulière.

Mais, de même que le sens général d'un texte dans une langue peut être transmis dans une autre langue, le sens général d'une élection peut aussi être transposé dans celui d'une autre et une équivalence forcément incomplète être établie entre tous les résultats. Le noyau commun des élections n'est autre que le partage de l'opinion entre diverses tendances et plus particulièrement depuis plusieurs années entre trois tendances principales. Ce noyau présente une structure qui a été ici explicitée au moyen de règles et expérimentée dans la méthode des plus proches voisins.

Conclusion

Parti d'une répartition assez équilibrée de la gauche, de la droite et de l'extrême droite au premier tour des élections départementales, on aboutit à des répartitions très contrastées des sièges ou des circonscriptions gagnés par chaque bloc politique. Alors que les scores en suffrages exprimés des trois blocs au premier tour sont respectivement de 36,5 %, 37,7 % et 25,8 %, pour la gauche, la droite et l'extrême droite, au second tour, les pourcentages respectifs de cantons gagnés sont de 38,5 %, 59,7 % et 2,8 %. Quand on passe des cantons aux circonscriptions législatives, le contraste s'accroît encore. Les pourcentages de sièges de députés sont respectivement de 33,5 %, 65,1 % et 1,4 %, si les pourcentages des trois blocs au premier tour restent les mêmes qu'aux élections départementales.

Avec des résultats semblables à ceux des élections régionales au premier tour, les proportions de sièges des trois blocs évoluent un peu tout en gardant la même structure : 41 % des sièges à gauche, 51,4 % à droite et 7,6 % au FN. Au niveau des 12 régions, bien sûr, la concentration s'est encore accrue : 58 % pour la droite, 42 % pour la gauche et 0 % pour le FN. Quant à l'élection présidentielle, ce sera 100 % au second tour pour l'un des trois blocs et 0 % pour les autres.

On justifie habituellement ces déformations du premier tour par la nécessité de disposer de majorités suffisantes pour gouverner. L'argument est légitime en cas de bipartisme, car la majorité des sièges revient pratiquement toujours, quel que soit l'échelon géographique, au parti qui a obtenu la majorité des suffrages. Ce n'est plus le cas lorsque trois partis, dont les forces sont assez semblables, se disputent le résultat. Celui qui obtient le plus faible nombre de suffrages exprimés au premier tour peut récolter une large majorité des sièges au second tour, reléguant dans l'opposition celui qui était en tête au premier tour. On en a donné plusieurs exemples, en simulant les élections départementales et législatives et l'on en a connu un cas récent avec les élections régionales où le bloc de gauche dominait celui de droite au premier tour.

Que le parti arrivé en dernier soit réduit à la portion congrue, comme cela arrive au FN, n'est pas choquant, malgré les plaintes de ce dernier et sa demande d'élections à la proportionnelle. Un gouvernement ne gagne pas en efficacité à être un mélange des tendances de l'opinion. En revanche, que le parti qui a obtenu la majorité des suffrages soit écarté par le parti qui le suit sans même qu'une alliance avec le troisième et dernier parti soit conclue ni nécessaire est contraire au principe de majorité qui est de règle dans toute démocratie.

Il n'y aurait rien à redire du point de vue de la démocratie si le FN et la droite s'associaient pour gouverner, puisqu'ils totalisaient ensemble 60 % des suffrages aux élections régionales. Mais que la droite puisse gouverner seule, bien qu'arrivée seconde, entre en contradiction avec l'un des fondements de la démocratie. La formule « un homme, une voix » est battue en brèche. Certes, chaque citoyen continuera à déposer dans l'urne un seul bulletin. Mais, en vertu, si l'on peut dire, du second tour, tous les bulletins n'auront pas le même poids politique.

Ce raisonnement peut être contesté et l'a été, si l'on tient compte des préférences individuelles. Puisque l'un des blocs peut ne pas être présent au second tour faute d'avoir atteint le quorum, ses partisans peuvent s'abstenir massivement au second tour.

En général, une proportion importante d'entre eux participera cependant au vote, marquant une préférence pour l'un ou l'autre des deux blocs restés dans la course. Ces électeurs ont donc un ordre complet de préférence. Par exemple, le FN étant éliminé, si ses électeurs votent pour le candidat de droite, leurs préférences sont, dans l'ordre :

FN > droite > gauche

Ces ordres de préférence peuvent être estimés à partir des résultats du premier tour et de celui des duels du second tour. En schématisant la situation qui vient d'être invoquée, tout en restant dans les ordres de grandeur constatés pour les reports, la victoire de la droite peut être ainsi légitimée : soit donc au premier tour, 40 % des suffrages pour la gauche, 35 % pour la droite, 25 % pour le FN. On a vu que lors des duels, les reports étaient les suivants en moyenne :
– de la gauche, 60 % vers la droite et 0 % vers le FN ;
– de la droite, 50 % vers la gauche et 30 % vers le FN ;
– du FN, 50 % vers la droite et moins de 10 % vers la gauche.

En cas de duel gauche/FN, les préférences pour la gauche sont la somme des voix de gauche au premier tour plus 50 % des voix de droite, soit un total de $40 + 35 \times 0,5 = 57,5$. Les préférences pour le FN sont la somme des voix du FN au premier tour plus 30 % des voix de droite, soit un total de $25 + 35 \times 0,3 = 35,5$. C'est donc la gauche qui a le plus de suffrages.

Le calcul mené de la même manière pour les duels droite-FN donne 59 pour la droite et 25 pour le FN. Enfin, dans les duels gauche-droite, la droite avec 47,5 dépasse la gauche qui est à 40. La droite est donc vainqueur, puisqu'elle est préférée au FN et à la gauche[1]. Il est légitime qu'elle obtienne une majorité de sièges

1. L'élection présidentielle de 2007 présentait une variante de cette situation : dans le sondage LH2 du 12 mars 2007 sur la préférence des duels du second tour, Bayrou l'emportait sur Sarkozy par 55 % contre 45 % et sur Royal par 52 % contre 48 %, bien qu'il soit placé en troisième place au premier tour.

au second tour. C'est la conclusion inverse du raisonnement tenu sur le premier tour.

En termes politiques, chaque solution a ses arguments. Si les programmes politiques des trois blocs étaient inconciliables, le résultat du premier tour, donc la gauche, devait être retenu, car ce serait celui qui compterait le moins d'opposants. Si des points communs figuraient dans les trois programmes, le bloc qui en posséderait le plus devrait avoir la primeur, donc ici la droite.

Heureusement, on ne peut pas rester sur cette conclusion mi-chèvre, mi-chou, car un argument détruit la pertinence de la seconde solution. Changeons un peu les valeurs en attribuant 40 % des votes du premier tour à la gauche, 20 % à la droite et 40 % au FN. Supposons que les reports soient :

– de la gauche 75 % vers la droite, 0 % vers le FN ;
– de la droite, 50 % vers le FN et 0 % vers la gauche-droite ;
– du FN, 25 % vers la droite et 0 % vers la gauche.

Les résultats des duels obtenus de la même manière que les précédents sont les suivants : la gauche domine la droite par 40 contre 30, la droite domine le FN par 50 contre 40 et le FN domine la gauche par 50 contre 40. Cet effet qui porte le nom de Condorcet, qui fut le premier à le mettre en évidence, est irrémédiable[1]. Il y a circularité ou contradiction dans l'ordre des préférences collectives : le FN est préféré à la gauche qui est préférée à la droite qui est préférée au FN qui est préféré à la gauche qui…, etc. La seconde solution ne peut donc pas être retenue.

La mécanique des seconds tours est ainsi doublement fautive, lorsque trois blocs se trouvent en présence. Fautive, car elle peut donner la majorité des circonscriptions au bloc arrivé en second au premier tour, sans qu'il soit obligé de faire alliance avec le bloc arrivé en dernier ; fautive aussi à cause de l'effet Condorcet, qui

1. Le même effet existe en économie pour l'agrégation des préférences. Pour l'éviter, Kenneth Arrow, prix Nobel d'économie, a donné cinq conditions assez difficiles à réunir.

peut invalider la justification du second tour en termes de préférences des électeurs[1].

Mais, au-delà de ces aspects logiques, la situation française offre un paradoxe social supplémentaire. La droite qui bénéficie de sa position médiane entre la gauche et le Front national reçoit au second tour des reports des deux bords. Elle en gratifie aussi les deux lorsqu'elle n'a pas pu se maintenir au second tour. Grâce à sa position centrale, elle obtient un nombre de sièges bien supérieur à ce que son niveau du premier tour permettait d'espérer. Mais elle n'est pas en position centrale socialement. La répartition de son électorat par catégorie sociale la met au contraire du côté des plus riches et du haut de l'échelle sociale, comme on l'a vu au tout début (tableau 1), tandis que la gauche occupe une position moyenne et que le FN draine la clientèle des classes populaires.

L'ordre politique gauche-droite-FN est sans rapport avec l'ordre social FN-gauche-droite. Alors que la gauche devrait se retrouver au centre du dispositif social, ce qu'elle tente en promouvant une social-démocratie, une fois boudée par les classes populaires, elle se retrouve bloquée à l'extrémité gauche du dispositif politique. Au lieu de récolter les avantages politiques d'une position sociale centrale, elle se les fait souffler par la droite. En refusant tout contact avec le FN au nom de valeurs républicaines, ce qui est louable, elle est réciproquement écartée par lui au nom d'un anticommunisme désuet. Cette incompatibilité réciproque renforce la position centrale de la droite.

Un FN à 25 ou 30 % semble donc annoncer une longue période de domination de la droite. La fable selon laquelle Mitterrand aurait créé le FN pour affaiblir la droite se mue en son contraire.

1. Dans *Condorcet. Un intellectuel en politique* (Paris, Fayard, 1990), Élisabeth et Robert Badinter ont attiré l'attention sur cette question, y détectant une contradiction avec la démocratie.

Table

Cartes et figures

RÉALISATION : PAO ÉDITIONS DU SEUIL
IMPRESSION : GIBERT CLAREY IMPRIMEURS À CHAMBRAY-LÈS-TOURS
DÉPÔT LÉGAL : MARS 2016. N° 130028 (16020282)
IMPRIMÉ EN FRANCE

Dans la même collection

Éric MAURIN
L'Égalité des possibles
(2002)

Thérèse DELPECH
Politique du chaos
(2002)

Olivier ROY
Les Illusions du 11 septembre
(2002)

Jean-Paul FITOUSSI
La Règle et le Choix
(2002)

Michael IGNATIEFF
Kaboul-Sarajevo
(2002)

Daniel LINDENBERG
Le Rappel à l'ordre
(2002) et (2016, nouvelle édition avec une postface inédite)

Pierre-Michel MENGER
Portrait de l'artiste en travailleur
(2003)

Hugues LAGRANGE
Demandes de sécurité
(2003)

Xavier GAULLIER
Le Temps des retraites
(2003)

Suzanne BERGER
Notre première mondialisation
(2003)

Robert CASTEL
L'Insécurité sociale
(2003)

Bruno TERTRAIS
La Guerre sans fin
(2004)

Thierry PECH, Marc-Olivier PADIS
Les Multinationales du cœur
(2004)

Pascal LAMY
La Démocratie-monde
(2004)

Philippe ASKENAZY
Les Désordres du travail
(2004)

François DUBET
L'École des chances
(2004)

Éric MAURIN
Le Ghetto français
(2004)

Julie ALLARD, Antoine GARAPON
Les Juges dans la mondialisation
(2005)

François Dupuy
La Fatigue des élites
(2005)

Patrick Weil
La République et sa diversité
(2005)

Jean Peyrelevade
Le Capitalisme total
(2005)

Patrick Haenni
L'Islam de marché
(2005)

Marie Duru-Bellat
L'Inflation scolaire
(2006)

Jean-Louis Missika
La Fin de la télévision
(2006)

Daniel Cohen
Trois Leçons sur la société post-industrielle
(2006)

Louis Chauvel
Les Classes moyennes à la dérive
(2006)

François Héran
Le Temps des immigrés
(2007)

Dominique Méda,
Hélène Périvier
Le Deuxième Âge de l'émancipation
(2007)

Thomas Philippon
Le Capitalisme d'héritiers
(2007)

Youssef Courbage,
Emmanuel Todd
Le Rendez-vous des civilisations
(2007)

Robert Castel
La Discrimination négative
(2007)

Laurent Davezies
La République et ses territoires
(2008)

Gösta Esping Andersen
(avec Bruno Palier)
Trois Leçons sur l'État-providence
(2008)

Loïc Blondiaux
Le Nouvel Esprit de la démocratie
(2008)

Jean-Paul Fitoussi,
Éloi Laurent
La Nouvelle Écologie politique
(2008)

Christian Baudelot,
Roger Establet
L'Élitisme républicain
(2009)

Éric Maurin
La Peur du déclassement
(2009)

Patrick PERETTI-WATTEL,
Jean-Paul MOATTI
Le Principe de prévention
(2009)

Esther DUFLO
Le Développement humain
Lutter contre la pauvreté (I)
(2010)

Esther DUFLO
La Politique de l'autonomie
Lutter contre la pauvreté (II)
(2010)

François DUBET
Les Places et les Chances
Repenser la justice sociale
(2010)

Dominique CARDON
La Démocratie Internet
Promesses et limites
(2010)

Dominique BOURG,
Kerry WHITESIDE
Vers une démocratie écologique
Le citoyen, le savant et le politique
(2010)

Patrice FLICHY
Le Sacre de l'amateur
(2010)

Camille LANDAIS,
Thomas PIKETTY,
Emmanuel SAEZ
Pour une révolution fiscale
Un impôt sur le revenu
pour le XXIe siècle
(2011)

Pierre LASCOUMES
Une démocratie corruptible
(2011)

Philippe AGHION,
Alexandra ROULET
Repenser l'État
Pour une social-démocratie
de l'innovation
(2011)

COLLECTIF
Refaire société
(2011)

Dominique GOUX,
Éric MAURIN
Les Nouvelles Classes moyennes
(2012)

Blanche SEGRESTIN,
Armand HATCHUEL
Refonder l'entreprise
(2012)

Nicolas DUVOUX
Le Nouvel Âge de la solidarité
Pauvreté, précarité
et politiques publiques
(2012)

François BOURGUIGNON
La Mondialisation de l'inégalité
(2012)

Laurent DAVEZIES
La crise qui vient
La nouvelle fracture territoriale
(2012)

Michel Kokoreff,
Didier Lapeyronnie
Refaire la cité
L'avenir des banlieues
(2013)

Hervé Le Bras, Emmanuel Todd
Le Mystère français
(2013)

Camille Peugny
Le destin au berceau
Inégalités et reproduction sociale
(2013)

Fabienne Brugère
La Politique de l'individu
(2013)

Gabriel Zucman
La Richesse cachée des nations
(2013)

Marie Duru-Bellat
Pour une planète équitable
L'urgence d'une justice globale
(2014)

Antoine Vauchez
Démocratiser l'Europe
(2014)

François Dubet
La Préférence pour l'inégalité
Comprendre la crise des solidarités
(2014)

Claudia Senik
L'Économie du bonheur
(2014)

Julia Cagé
Sauver les médias
Capitalisme, financement participatif et démocratie
(2015)

Laurent Davezies
Le Nouvel Égoïsme territorial
Le grand malaise des nations
(2015)

Éric Maurin
La Fabrique du conformisme
(2015)